KB171027

한양도성을 가다

한양 도성을 가다

글·그림 **천성우**

범우

차 례

작가의 말

2014년 8월 서울역광장에서 남대문으로 갔다. 문화재청에서 파견 나온 남대문 지킴이 이임철 씨로부터 남대문 주변에 있던 남지 등 유적지를 안내받고 한양도성 지금의 서울성곽 탐사 취재에 들어갔 다.

남산타워에서 약산으로 이어지는 성은 군부대가 주둔하고 있 어 탐사가 불가능했고 인왕산 뫼바위를 지나 성이 주머니처럼 돌아 나오는 안쪽에도 군부대가 있어 근접 취재를 못한 부분이 아쉬움으 로 남는다.

단종비 정순왕후가 창신동 산동네 여인들과 일평생 염색업을 하며 단종이 묻힌 영월 쪽을 바라보기 위해 매일같이 올랐던 조그 마한 산봉우리 동망봉을 찾아 귀가 떨어져나가는 것 같은 추위 속 에 6시간을 걸어서 사진 찍고 기록했다. 혜화문에서 숙정문까지 구 간은 두세 번을 다시 가본 뒤 비로소 성의 흔적을 발견하고 글을 쓰 기도 했다. 이렇게 숭례문에서 한양도성을 한 바퀴 돌아 행촌동 은

행나무 앞까지 1년 5개월이 걸렸다. 한양도성이 많은 부분 중국의 만리장성 축성기술을 따랐을 거라는 애초의 내 예상과는 달리 우리 조상들의 독자적 석축기술로 쌓았다는 것에 무한한 긍지와 자부심을 갖는다.

2016년 8월부터 남대문 우현에서 시작 2개월 동안 사진만 찍으며 한 바퀴 돌았다. 도성을 4구간으로 나누어 오직 사진만으로 한양도성의 진수를 담아보자는 생각에서 시작한 작업이다. 행촌동에서 시청까지의 도심구간은 도성이 간 곳을 찾을 수 없어 중단했다 2017년 6월 서석규, 박종철, 김영재 씨와 동행, 행촌동에서 도심 속으로 끊어진 성의 흔적을 찾아 주택가 빌라의 담벼락 주차장 뒷벽으로 사용되고 있는 옛성의 잔해를 보물찾기 하듯 찾아 기록했다. 옛날에는 서대문구 정동이었는데 지금은 중구 소공동으로 지명이 바뀐 지역으로 지나간 성을 남대문 좌현 서쪽 분수대 앞까지 역사와 지리에 밝은 서석규 선배님의 도움을 받아 탐사를 모두 끝냈다. 내 삶의 한 시대가 지나간 것 같다.

그동안 《책과인생》에 〈한양도성을 가다〉를 16회에 걸쳐 연재하고 단행본으로 묶어준 범우사 윤형두 회장님과 임직원들에게 진심으로 감사의 마음을 전한다.

2017년 여름에 천성우

01. 민초들의 눈물로 쌓은 성

남대문 앞에 섰다. 1958년 봄 처음 남대문을 보고 이제 다시 본다.

조선시대 제일 관문이었던 숭례문(崇禮門), 아주 가까이 있으면서도 멀리 있는 문, 지하철을 탄 사람들은 남대문이 있는 땅 속으로 지나가고 지상에 있는 사람들은 자동차를 타고 그 길 위에서 차의 꽁무니를 따라가기 바쁘다. 그렇게 남대문은 관광 온 외국인들만 다녀가고 기념사진 찍는 배경처럼 홀로 서 있는 것 같다. 이런 무관심 속에 2008년 2월 10일 그야말로 황당한 어떤 늙은이의 방화사건으로 국보 제1호 숭례문 누각은 잿더미로 사라졌다.

눈을 감는다. 2월의 매서운 바람에 방한복 차림의 여자어린이 둘이 하얀 설국을 들고 잿더미가 된 숭례문에 울먹이는 눈으로 헌

숭례문(수문장 교대식 전경)

화하던 모습이 떠올랐다. 1902년(고종연간) 새로 단청한 숭례문은 1960년대에도 지금보다 훨씬 밝고 맑은 단청이었다.

그러나 5년 만에 다시 복원된 지금 저 남대문에는 600년 서울을 지켜온 장인들의 혼과 손길은 다 사라져버리고 허깨비만 서 있는 것 같은 허전함을 지울 수가 없다.

한 번쯤은 가보고 싶은 샬그랭의 작품, 프랑스 개선문은 1806년에 시작 4년 동안 지하 기초공사를 겨우 끝내고 1836년 30년 만에 비로소 완공되었다. 위대한 문화재란 성급하게 서두르지 말고 국가적 대사로 10년 20년이 걸리더라도 사람의 마음과 혼이 뼛속 깊이 스며들게 하는 장인의 정신이 들어가도록 해야 한다. 그래야만 진정한 우리의 것 세계적인 문화유산이 될 수 있는 것이다. 지금 우리에게는 옛것을 그대로 복원할 수 있는 장인은 있으나 온 정성과 혼을 다하는 진정한 대목장인이 없다는 게 더 슬프다.

남대문을 복원하며 10여 미터 달아낸 성곽 끝에서 길 건너 남대문시장으로 간다. 오직 순대국만을 고집하며 50년이 넘었다는 〈남대문순대국집〉, 아직도 할아버지가 주방에서 순대를 썰고 할머니가 손님을 맞이하고 있다.

남대문시장은 태조 14년(1414년) 이곳에 조정에서 가게를 짓고 상인들에게 임대 일제강점기에는 일본인들이 주도권을 잡고 독점했으며, 광복이후 건물주와 상인들이 공동 투자하여 세계인이 주목

하는 거대 시장으로 자리매김했다. 6천여 점포가 명동과 맞닿아 수 많은 외국인들을 비롯해 연간 30여만 명이 여기를 다녀간다. 남대 문시장은 모든 제품을 상인들이 직접 만들어 파는 의류의 메카이며 패션의 중심지다. 전국의 상인들이 새로운 물건을 선점하기 위해 모여드는 새벽시장은 밤새도록 불이 꺼지지 않는 치열한 삶의 현장 이다. 여기서 남창동 골짜기로 들어가면 백사 이항복의 옛집과 정 자가 있었던 쌍희정 터가 있다.

성은 숭례문을 복원하며 달아낸 부분은 옛돌과 새로 깎은 돌을 섞박뀌로 쌓았다. 길 때문에 다시 끊어지고 남산육교를 건너서 성 은 소월로에서 소파로로 갈라지는 길 앞까지 이어지는데 숙종 연간 에 축조한 성곽외벽 기단 위에 여장을 다시 올렸다. 성벽 아래 기단 에는 큰 화강석을 막다듬해 장방형과 방형의 돌로 쌓고 곳에 따라 성채(城砦)의 견고한 역학적 구조를 위해 두 칸 크기의 정방형 돌을 박아 축성했다.

남대문 좌우 성곽은 1907년(고종44) 고종실록에 참정대신 박재 순 내각총리대신 이완용 등이 숭례문 좌우 성곽을 8칸씩 헐고 흥인 지문과 숭례문 주변의 모든 성곽을 헐어낼 것을 고종에게 요청 허 락을 받았다는 기록으로 보아, 1907년에서 1908년 사이 남대문과 동대문 양쪽 성곽이 모두 헐려나간 것으로 보인다. 이후 강제 한일 합방으로 1913년 남산과 장충동 사이 성곽을 시작으로 한양도성이 대부분 사라졌다.

　남대문에서 서울힐튼호텔 구간의 성벽은 1920년 총 77칸이 헐렸고 여기서부터 남산광장 성벽은 1920년 일제가 조선신궁을 지으면서 파괴, 성의 지대석(地臺石)뿌리까지 파헤쳤다. 남산공원으로 올라가는 아동광장길 성곽은 2009년에 발굴 다시 쌓았다. 성채 외곽 기단에는 태조 때 썼던 돌들을 발굴해 다시 쓰고 그 위에 온양석을 태조 연간 축조법으로 쌓고 화강석으로 여장을 올렸다. 중앙광장분수대 부분은 가림막을 설치하고 지금 복원 작업중이다. 이때 발굴된 각자성석에 내(柰)자 육백척(六百尺)이라 새겨져 있다. 한양도성

남창동 소나무 숲 속을 돌아가는 태조 때 옛 성채

전체 97구간 중에서 이곳이 60번째 내자구간이라는 것을 알게 되었다.

태조실록에 의하면 내(來)자에서 진(珍)자까지는 경상도가 이(李)자에서 용(龍)자까지는 전라도가 맡게 하였다. 경상도가 맡은 수축구간 중 남산구간은 위(爲)에서 진(珍)까지 20자로 약 3.8km이고 전라도가 맡은 수축구간 중 남산구간은 이(李)에서 담(淡)까지 10자로 약 1.92km 정도라고 했다. 이 구간을 쌓을 때 전라도 장성에서 올라온 도(都)씨 성을 가진 사람이 있었는데 병에 걸려 판교원(도성 축조공사에 동원된 사람들이 질병이나 다쳐 쓰러지는 사람들을 위해 세운 구호소)에서 치료를 받고 있었다. 그의 딸 도리장(都里莊)은 이 소식을 듣고 한걸음에 천리길을 걸어 판교원에서 거의 죽게 된 아버지를 지극정

아동광장길 성채(하단에 유구로 쌓고 복원)

성으로 간호, 기력을 회복해가는 아버지를 모시고 온갖 고초를 겪으며 고향으로 돌아갔다. 이런 사연이 태조에게까지 전해지고 태조는 도리장에게 효행상으로 옷감을 내렸다. 실록에도 성을 쌓는 역사(공사)를 감독하는 사람이 낮이나 밤을 가리지 않고 일을 시켜 임금은 날씨가 심히 춥다하여 밤의 역사는 금지시켰다고 기록한 것을 보면 각지에서 차출된 민초들이 민정이란 이름으로 얼마나 혹독한 고생을 했는지 짐작이 간다.

성은 시간의 여울처럼 고층빌딩 속을 하얗게 흘러내려가고 덕수궁이 훤히 보인다. 덕수궁은 망국의 한과 궁녀들의 눈물로 얼룩진 곳이다. 임진왜란 때 전란을 피해 북으로 몽진했다가 폐허가 된 한양에 돌아와 유일하게 남아 있는 정릉동 행궁(덕수궁)에 거처할 수 밖에 없었던 선조의 슬픔이 어린 곳이며, 일본에게 명성왕후를 잃고 왕위와 나라도 빼앗기고 그들에 의해 갇혀 살다 함녕전에서 세상을 떠난 고종의 한이 서린 곳이다.

안중근의사기념관 앞에서 남산도서관 앞으로 가림막을 따라 올라가면 숨이 턱에 닿는 계단 앞이다. 느티나무가 성채의 기층에 뿌리를 박고 수백 년을 함께 살아온 세월 속에 태조 연간의 축성이 그대로 남아있다. 회색 무늬가 짙게 박혀있는 온양석 막돌 같은 돌로 여장이 층층이 올라간다. 한국으로 관광 온 중국 조선족들은 '만리장성' 같다고 말하며 이곳을 지나간다. 성은 그 절벽 길을 동쪽으로 비스듬히 꺾어 남산타워 바로 앞에서 남쪽으로 올라간다. 남산의 절벽 구간이라 훼손되지 않고 태조 때 옛성이 그대로 남아 있다. 절벽구간이라 성밖 길이 없다. 여장을 넘어 나무를 타고 성밖으로 내려가 외성의 성채를 카메라에 담는다.

　남산의 정상 팔각정이다. 성이 끊어진 자리 사랑의 자물쇠다리에 사랑의 자물쇠가 수도 없이 걸려 있다. 많은 연인들의 사랑을 잠그고 유유히 흘러가는 한강을 바라보고 있다. 형상이 없는 사랑을 잠궈놓기 위해 더 이상 공간이 없는 데도 사람들은 오늘도 사랑자물쇠를 들고 끊임없이 이곳을 오른다. 남산의 동쪽 팔각정 광장으로 내려간다. 노소동락의 놀이터다. 수많은 사람들이 아이들과 어울려 제기를 차고 굴렁쇠를 굴리고 스티로폴로 만든 커다란 윷을

오래된 느티나무와 한몸이 된 성채

공중에 던져 윷이요 소리치며 어깨춤을 추고 아이들은 스케이트보드를 지치며 사람들 사이를 기름종개처럼 쏙쏙 빠져나간다. 지금까지 한국인보다는 외국관광객이 더 많다는 생각을 했는데 여기는 온통 한국사람들이다.

옛성은 수백 년을 느티나무와 한몸이 되어 서낭당처럼 앉아있고 2014년 강풍으로 쓰러진 75년생 뽕나무 밑둥치를 김종흥(중요무형문화재108호 목조각 이수자)이 조각한 '한국인의 미소' 옆에 멈춰섰다. 안면 가득 풍기는 해학적인 웃음에 솟대의 새들도 터져나오는 웃음을 참지 못하고 까르르 웃는다.

성은 여기서 군부대가 있는 능선으로 가고 성안 길은 능선 아래 골짜기를 가로질러 간다. 하늘을 찌를 듯 뻗어 올라간 신갈나무 밀림 속 생태보존 지역이다. 자연생태환경을 파괴하는 서양등골나물이 여기까지 올라와 하얗게 산을 덮었다. 성은 군부대가 있는 산날등을 돌아 급경사길을 줄달음으로 내려오고 성안 길은 성 위에 있는 나무다리 전망대에서 잠시 쉬어간다. 어미다람쥐가 숲 속에서 나와 성벽을 타고 여장 위로 올라온다. 애기다람쥐도 졸졸 어미를 따라 여장 위에 쪼그리고 앉아 겁먹은 듯 눈을 또록또록 굴린다. 새끼가 혼자 살아갈 수 있도록 어미다람쥐는 높은 장애물을 넘어가는 방법을 가르치고 있는 것이다. 군부대에서 이곳까지는 사람의 손길이 닿지 않아 산짐승들이 평화롭게 살고 있다.

성을 넘어 간다. 성밖의 나무계단길이 외성의 성벽을 따라 까마득히 내려간다. 이곳 주변에 있는 돌들로 쌓은 태조 때 외성의 성채가 제 돌 생긴 대로 제자리에 찾아들어가 무질서 속에서 법을 이루며 눈물겹도록 아름답다. 기단돌에는 태조 연간 축조 당시의 사람들 이름이 새겨져 있다. 공사하는 구역마다 책임자를 두어 책임지고 관리하도록 한 도성축성 실명제의 각자성석이다. 감관(監官) 도일생, 조정원, 오 봉, 윤상후 술수(述首) 안규리 기축팔월일(己丑八月日)이라고 썼다. 감관은 감독관이고 술수는 기술자의 우두머리다. 기축년이면 1397년 태조6년이다. 기록에는 1396년(태조5년) 1월에 축성을 시작해 그해 2월 28일까지 거의 마무리 되었다고 했는데 실질적으로 성이 완공된 것은 태조6년인 1397년 8월이라는 것을 알 수 있다. 그때 경상 전라 강원도에서 동원된 장정들이 11만 8천70명이었고 1422년 세종 때는 토성을 석성으로 재 축조하는데 32만 2천4백 명을 동원했다. 공사중 사망자가 872명이나 되었다고 한다. 중장비도 없이 순전히 등짐으로 져나르고 맨몸으로 절벽 산지에서 작업을 했으니 고통은 죽음보다 더 했을 것이다. 그들의 혼령이 돌 하나하나 속에 잠들어 있는 것 같아 돌들을 손으로 쓰다듬으며 여기까지 오는데 3시간이나 걸렸다.

민초들은 입에 풀칠하기도 어려웠던 조선시대 각처에서 몇날 며칠씩 걸어서 한양에 당도, 죽음을 무릅쓰고 성을 쌓은 뒤 극도로 지친 몸으로 또 몇날 며칠 걸어서 고향으로 돌아간 사람들, 마음의 성은 오래된 기억의 풍경들이 잠들어 있는 성이지만 왕조의 성은 권력으로부터 나오는 절대적 수호의 벽이다. 그리하여 마음의 성은 한없이 가볍고 낭만적이지만 땅 위에 세워진 왕조의 성은 한없이 무겁고 엄청난 희생과 노역을 필요로 한다.

어린이 회관 앞의 성채의 여장

02. 성안과 성밖의 세상

남산서울타워에서부터 600년 풍상의 세월을 묵묵히 지켜온 태조 연간의 옛성은 남산 순환로를 훌쩍 뛰어넘어 풀숲으로 맞은편 반얀트리호텔을 바라보며 더는 가지 못하고 절벽 위에 멈춰섰다.

장충단공원의 현대화를 위해 잔해도 없이 무참히 끊어진 성을 추억처럼 멀리 두고 국립극장 앞을 돌아 장충공원을 건너 반얀트리호텔 정문으로 들어간다. 버티고개 산 위에 있는 호텔 분수대 옆으로 나무다리가 공중에 놓여있다. 성은 반얀트리와 골프연습장에 매각되고 공중다리 옆에 2미터 간격으로 외국제 스기나무 기둥을 세워 문처럼 짜 달아낸 나무울타리가 옛성이 있던 자리다.

프로방스의 사드성 라코스트는 허물어지다만 벽돌로 쌓은 뼈대만 남은 폐허 위에 잔해다. "너무나 오래되어 기억의 먼지만" 남았다. 오래된 먼지 속에는 역사의 숨결이 잠들어 있다. 허물어진 성의 안쪽은 과거이고 바깥쪽은 현재다. 그러나 여기서는 성 안쪽의 과거가 없다. 성안에 일정부분 폐허의 잔재만 남아있을 자리에 거대한 현대식 철골조 콘크리트 건물이 차지하고 있기 때문이다. 그럼에도 불구하고 열린공간의 넓은 뒷마당에는 닫힌 공간의 신라호텔과는 달리 사람들이 자유롭게 오가며 귓결에 들리는 말소리도 서민들이 살아가는 일상의 대화여서 정겹다.

나무다리길이 끝나는 지점 버티고개로 가는 길목에 전망대로

버티고개 길 앞에서 다산동으로 가는 태조 때 옛 성채

지어진 팔각정이 있다. 성곽길에 나온 사람들은 이곳에서 끊어진 세월의 건너편을 하염없이 바라보다가 되돌아간다. 여기서 태조 숙종 세종 연간의 한양도성은 허물어진 상처를 문명한 세월 속에 남겨두고 수락산을 바라보며 굽이굽이 열입곱 구비를 돌아 북동쪽으로 흘러간다. 태조 연간의 축성이 막돌들을 불규칙하게 쌓은 비정형의 돌담 같은데 비해 세종 때 쌓은 성은 기단에 장방형의 큰 돌과 정방형의 돌을 엇바꿔놓고 위로 올라갈 수록 작은 돌로 세우고 눕히고 얹은 돌들의 선은 기하학적 무늬처럼 추상적이다. 그럼에도 견고함과 안정감의 아름다움을 갖고 있다. 성안에서는 옥개석(屋蓋石, 성가퀴를 덮는 용마루 형태의 돌)이 없는 태조 때 여장이 석양빛을 받고 붉게 물들어 하늘에 쌓은 천상의 성처럼 보인다.

오랜 세월의 돌틈에는 애기똥풀과 망초가 살고 성벽의 풀처럼 다산동 사람들이 성 밑에 나지막하게 다닥다닥 붙어 사는 동네, 복덕방 같은 충현상회 주인아주머니와 함께 소주잔 주거니 받거니 거나하게 취해 푼수없이 떠들어도 정겨운 늙수그레한 목소리, 정처없이 떠나 오랜만에 돌아온 고향 같다.

성안에는 성밖 세상과는 너무나 다른 또 하나의 세상이 있다. 명품소나무들이 기이한 형상의 용트림을 하며 하늘로 올라가고 장충8경의 하나인 팔각정은 찾아오는 사람도 없이 문석인 하나 데리고 고적하다. 그 앞에는 어디서 가져다 세운건지 익선관을 쓴 어린

세자 문인석 아직 콧등도 제대로 세우지 못한 채 납작하게 눈도 감은 듯 뜨고 팔각정을 바라보고 있어 성안길에서는 간신히 옆모습만 보인다. 문인석 앞에는 승무를 추는 여인의 동상(銅像)이 긴 저고리 소매를 하늘로 뿌리며 고깔을 쓰고 어린 문인석을 얼굴없는 얼굴로 바라보고 있다. 그 모습이 얼마나 애절하고 간절한지 하늘도 자욱

장충단 공원으로 들어가는 암문(원래 없었던 문인데 후에 복원하면서 만들었다.)

히 내려와 앉는다. 이 승무상 이외 많은 조각작품들은 신라호텔이라는 닫힌 공간의 사람들만이 향유가 가능하다. 닫힌 공간의 성은 투명하다. 그러나 투명한 성은 성밖의 관객을 위한 투명함이 아닌 투명성 밖의 역사적 성까지 공유하기 위한 성안 시설의 공간이다.

그 시설의 공간은 영빈관 뒤에서부터 장충단(獎忠壇)공원으로 넘어가는 암문 위까지 이어진다. 수많은 동(銅)과 석(石) 인물 조각상들이 팔을 고이고 앉아 있거나 비스듬히 누워있고 두 사람 세 사람이 모여서서 어딘가를 바라보고 있는데 성안길에서는 어느 누구의 무슨 작품인지 알 수가 없다.

장충단으로 넘어가는 암문 옆에는 각자성석이 모여있다. 흥해(興海)시면(始面), 십삼수음(十三受音) 시(始), 경산(慶山)시면(始面) 의령(宜寧)시면(始面) 또 몇미터 가서는 시면의 각자는 선명한데 지명은 풍화되어 판독이 불가능하다. 아마 경상도의 어느 지명일 터인데 약수동으로 넘어가는 동호대로 건너편은 얕은 언덕이므로 의령과 기타 사람들이 광희문까지 쌓았다는 표지석일 것이다. 다시 말하면 삼수변에 다리각자를 쓴 밑에 끝말자를 새긴 각자성석을 기준으로 좌측으로는 남산을 향해 오른쪽으로는 광희문을 향해 쌓았다.

동호대로를 건너 삼성생명빌딩 사잇길로 간다. 성이 끊어진 언덕에는 좌측으로 옛 성터를 눌러앉아 자기네 성을 철옹성처럼 쌓고 삼성가를 비롯해 재벌 총수들의 저택으로 들어차 있는 서울 최

광희문을 향해 푸른하늘 은하수처럼 흘러가는 성채

고의 부촌이다. 바로 이 근처에 선조 때 사람 이준경(李浚慶)이 살았
다. 그는 연산군의 생모 윤씨에게 사약을 들고 간 형방승지 이세좌
의 손자다. 연산군(1476~1506, 조선 10대 임금으로 성종과 폐비 윤씨 사이의 1
남. 재위 1494~1506)이 임금으로 등극하고 생모가 사약을 받게 만든 사
람들을 모두 처단할 때 할아버지는 물론 아버지까지 죽고 여섯 살
준경은 한 살 터울인 형과 함께 귀양을 가 거지처럼 살았다. 어렸을
때 영민했던 이준경은 어려운 시절을 극복하고 선조 때 실리정치의
명 재상이 되었다. '동소문집'이라고 불렸던 실리정치의 대가가 이
곳에 살았다는 것은 남산에서 동북으로 뻗어내린 산줄기가 기복을

거듭하다 마지막 힘을 다해 뭉친 진혈이라는 것을 알 수 있다. 옛날부터 한양의 명승 중에서도 명승으로 백악동천이라 불러온 인왕산을 바라보며 물산이 풍부한 청계천변 광장, 평화시장을 우측에 끼고 있으니 재물을 품은 명당이 아닐 수 없다.

　성밖이었던 맞은편 언덕에는 근화유치원과 천주교신당교회가 있지만 주변으로는 조선시대나 지금이나 서민들의 애환이 고인 저지대 주택가다. 퇴계로68길 앞에서 세종 연간 옛성 그대로 점점이 하얗게 새옷을 박아 입고 광희문을 향해 푸른하늘 은하수처럼 흘러간다. 기단에는 장방형 거석을 놓고 위에 정방형의 돌을 옆으로는 장방형의 돌 밑에 둥그스럼한 작은 돌을 끼워넣고 뒤에다 마름모 삼각돌로 축성했다. 돌과 돌 사이가 불규칙한 선으로 이어지며 묘하게 지형을 따라간다. 사랑하는 사람의 뒷모습처럼 오래도록 눈길을 뗄 수 없는 아

을지로 7가 길 앞에서 끊어지는 성채

름다운 성이다.

　광희문(光熙門)은 현재 국립극장 산 위에 있던 남소문(南小門)이 세조 때 철폐된 후 오랫동안 남소문으로 부르기도 했고 수구문(水口門) 또는 시구문(屍口門)으로 알려진 문이다. 1886년 콜레라가 만연하여 성안의 어린이들이 몰사하다시피 죽었다. 서민들은 아이들의 시체를 광희문 밖에 내다버리다 나중에는 전염되는 것을 두려워 숨이 아직 붙어있는 아이들까지 내다버리게 되었다. 죽은 아이들과 죽어가는 아이들로 시구문 밖에서 불어오는 바람에는 시체 썩는 냄새로 코를 들 수 없었다고 한다. 그때부터 수구문(水口門) 차례라는 말이 생겼고 여러 사람이 모여서 술을 마실 때 연장자 순서대로 술잔을 돌린다는 뜻이며 곧 죽을 차례가 가까이 왔다는 것을 의미했다.

　시구문은 수백 년간 비정한 죽음을 지켜본 슬픈 문이다. 못다 살고 간 슬픈 영혼들을 가슴에 안고 시름시름 앓다가 1915년 전후 자진하듯 무너지고 현재의 광희문 누각은 1975년 11월에 착공 11개월 만에 준공된 것이다. 1960년대까지만 해도 시구문 밖은 시구문시장을 끼고 판잣집들이 게딱지처럼 붙어 사연도 많은 여인들이 소쩍새처럼 사는 동네였다. 지금은 아리랑고개 길가에만 시장이 남아 겨우 명맥을 이어가고 있고 소쩍새처럼 살아가던 슬픈 여인들의 옛터에는 겨우 사람하나 비껴 지나가는 골목에서 집과 집이 담도 없이 붙어서 골방처럼 살고 있다.

성은 서울역에서 신당동 왕십리로 가는 대동맥의 길을 위하여 몸을 내주고 빈몸으로 쓸쓸히 어디로 갔는지 흔적조차 찾아볼 수 없는 길을 기웃기웃 동대문운동장으로 간다. 지금은 동대문역사문화공원이 된 동대문운동장, 1925년 일제에 의해 만들어진 경성운동장은 당시 광희문에서 동대문까지 성을 헐어버리고 운동장을 만드는데 수구인 이간수문 홍예(虹霓, 문 윗부분을 무지개 모양으로 만든 것)며

광희문(남소문)

릿돌까지 헐어내고 위에 철근 콘크리트로 타설한 뒤 3.7미터를 단단히 메꾸고 덮어버렸다.

서울시는 2008년 9월 발굴을 시작 동대문운동장을 폐쇄하고 박석까지 남아있는 이간수문을 찾아냈다. 광희문에서 끊어진 성을 동대문디자인플라자 을지로 쪽 알림관 앞에 치성(雉城, 적을 방어하고 감시할 수 있는 시설)을 복원하고 성채 기단에는 유구(遺構, 옛돌)들로 다시 쌓고 위에 마사토를 깔았다. 디자인플라자는 철근 5,800톤 45,133개의 외장패널로 지은 초대형지붕 위에 잔디를 심어놓은 세계 최대규모의 3차원 비정형 건축물이다. 디자인플라자의 유려한 곡선과 이간수문을 향해 지하로 흐르는 듯 내려가는 성의 석축선이 서로 만나 오랜 해후의 모자사이 같은 감동을 준다.

외국관광객은 물론 국내의 젊은이들도 많이 찾는 이곳에는 그들을 위해 성벽 및 치성에 대한 가로길이의 한글과 영문으로 된 대형 표지판을 세워놓았다. "성벽은 태조 세종 대와 숙종 이후의 축성기법이 섞여 있어 각 시대별 축성기법을 살려서 기존 유구를 보호하는 높이까지만 정비 복원하였다"고 한다.

태조 때 성벽 축조방식은 자연석을 거칠게 가공한 후 쌓았으며 돌과 돌 사이에는 작은 돌을 메워 막돌 쌓기에 가깝게 축조한 반면 세종 때는 장방형의 가공된 돌을 사용하여 하부는 규격이 큰 장대석 석재를, 상부로 갈수록 작은 장방형의 석재로 축조했다. 숙종 이

후에 수리된 성벽은 면적을 완전히 규격화하여 장방형의 돌을 잘 가공해 빈틈이 없게 하였고, 벽면의 기울기는 수직에 가깝게 축조하였다고 3대에 걸친 한양도성의 축성법을 자세히 기록했다.

또한 치성에 대해서도 일정한 거리마다 성곽에서 바깥으로 돌출된 시설물로 성벽 가까이 접근하는 적을 효과적으로 방어 공격하기 위한 것이다. 치성의 치(雉)는 꿩을 말하는 것으로 자기 몸을 숨기고 주변을 잘 살펴보기 때문에 치성이라고 하는데 흥인지문과 광희문 구간에는 4곳에 치성이 있었던 것으로 기록에 나타나는데 서울성곽 중 최초로 발굴 조사되어 정비 복원하였다.

서울 성곽 중 최초로 발굴된 광희문과 흥인지문 사이에 있는 치성

치성을 지나 동대문 플라자 앞이다. 유구들을 발굴해 기단에서 3내지 5단으로 태조 세종 숙종 때 방식도 아닌 현대의 방식으로 담장처럼 쌓은 위에 회백색 돌들로 벽돌을 쌓듯 4단 내지 6단으로 쌓아 마무리했다. 그 위에는 사람들이 다니는 길로 만들었다.

성밖에는 잔디밭에 수양버들 휘휘 늘어진 끝에 이간수문(二間水門)이 있고 바로 옆에 직각으로 막아놓은 담장 너머에는 오간수문이 있다. 이 지역은 도성에서 가장 지대가 낮은 곳으로 성안에서 흘러내리는 물을 성밖으로 내보내기 위해 설치한 수구(水口)다. 이간수문은 남산에서 흘러내린 물을 오간수문은 청계천 물을 받아 성밖으로 내보낸다. 이간수문은 가운데 물가름돌 3단 위에 양쪽으로 각

이간수문과 그 성채

3개의 홍예석을 얹고 꼭지에는 부형무사석을 끼워넣고 그 위에 장방형의 머릿돌을 눌러쌓은 투박하면서도 견고한 아름다움을 보여주는 문이다.

장충체육관 뒤에서부터 여기까지 사람 구경하기가 어려웠는데 이간수문 앞에는 많은 여학생들과 젊은이들이 카메라에 추억을 저장하기 위해 바쁘다. 셀카봉이 없는 아이들 부탁으로 나도 바쁘다. 아이들은 홍예문을 배경으로 잘 잡아 찍어줘서 사진이 너무 멋지게 나왔다며 꾸벅 절을 한다.

이간수문 옆에서 콘크리트 담장의 조형물을 넘어 성은 신평화 패션타운에게 자리를 내주고 청계천 오간수문으로 간다. 서울이 현대화 되면서 청계천 직강공사로 물이 오간수문 앞으로 흐르지만 옛날에는 청계천 물이 오간수문을 통해 한강으로 흘러갔다. 5칸의 수문이 동서로 나란히 부형무사석 양옆에 4단의 홍예문으로 맞춰 쌓은 조형미가 뛰어난 작품이다. 연장이라고는 망치와 정, 각자와 먹통 밖에 없던 시절 어쩌면 저렇게 아름답고 멋진 홍예(아취)를 만들어 냈을까 저절로 탄성이 나온다.

동대문(흥인지문興仁之門)이다. 1398년(태조7년) 세웠다. 지금의 동대문은 1869년(고종6년)에 다시 개축하였다. 화강암의 무사석(武砂石)으로 홍예문을 축조 그 위에 중층으로 문루를 세우고 성문 남쪽에서 동쪽으로 반달 형태의 옹성(甕城, 큰 성문을 지키기 위하여 성문 밖에 쌓은 작은 성)을 쌓았다. 이 옹성은 한양도성문 가운데 유일한 것이다. 태조6년 1월에 착공 4월에 완성했다. 태조가 여기 옹성을 쌓은 것은 동대문 부근 지형이 낮아 적을 방어하는데 어려움이 있어 이를 보강하기 위해 쌓은 것은 아니었을까. 옛성을 지키고 있는 돌 하나 하나에 선인들의 눈물과 슬픔 고통과 기쁨이 어려 있는데 도시의 매연에 찌들어가는 게 가슴이 아프다.

동대문 밖 이문동은 세조 때 처음 세운 '이문'에서 생겨난 동명

흥인지문과 옹성

이다. '이문'은 지금 우리가 사는 방범대 초소 같은 것이다. 조선시대에는 다락이 있는 이층 문루에 기와를 올리고 다락 위에 올라 도둑을 감시했다. 주민 스스로 순번을 정해 자율적으로 지켰다. 현재 우리의 자율방범대 제도가 조선조 '이문'에 뿌리를 두고 있는 것이다. 조선시대 한양에 산재해 있던 이문에는 그곳 나름의 명물이 있었는데 그중에서도 종로의 이문 안에는 곰탕과 막걸리였다. 궁중에서 마시는 술 어용주도 이곳에서 조달할만큼 막걸리의 명성이 높았다. 성은 종로에서 청량리로 가는 대로 앞에 뚝 끊어지고 망연히 낙산(駱山)을 바라보고 있다.

03. 낙산에서 비우당을 보다

 성은 종로에서 청량리로 가는 대로에 길을 내주고 하얗게 새옷
으로 갈아입었다. 낙산으로 가는 성안길 이화동 초입에 2014년 7월
개관한 한양도성박물관 제2전시실 컴퓨터에는 한양도성에 대한 모
든 자료가 내장되어 있다. 도성에 대한 자료들을 찾아 검지로 찍어
넘기며 카메라에 저장한 뒤 성밖으로 나와 순례길을 버리고 성벽을
따라 낙산으로 간다.

 조선시대 낙산은 볼록하게 솟은 산봉우리가 낙타의 등허리를
닮았다고해서 낙타산이라고 불렀다. 북악산을 주산으로 우백호인
인왕산과 함께 한양을 감싸고 있는 좌청룡의 산이다. 인왕산이 기
골찬 백호의 바위산인데 상대적으로 낙산은 동대문을 향해 내려오
는 순룡(順龍)이다. 순룡의 등줄기를 따라 옛성이 허물어지다만 잔

한양도성 역사박물관

해 위에 사십왕(四十王) 개축(改築) 훈국책응의독후장(訓局策應義督後將) 십인(十人)이라 새겨진 주변에는 많은 사람들 이름으로 된 각자 성석이 박혀있고 성밖에는 창신동 사람들이 성 밑에서 언덕을 따라 그믐밤의 별들처럼 초롱초롱 살고 있다.

깊은 산중 참선 수행길에 든 스님의 가사처럼 숙종 때 옷으로 군데군데 기워입고 세종 때 성은 산죽이 무성한 길을 지나 느티나무가 있는 암문 앞에서 정상을 향해 굽이쳐 돌아간다. 낙타등받이 같은 정상에서 동남쪽으로 뻗어내려간 산줄기가 창신동과 삼선동 보문동과 숭인동 경계의 산날등에 길만 내놓고 두세 칸 집들이 빽빽하게 들어차 있다. 획일적인 아파트와는 달리 가지각색의 모양으로 집을 짓고 사는 아름다운 산동네, 그 산비탈 남쪽 언덕에 비우당이 있다.

비우당(庇雨堂)은 원래 우산각(雨傘閣)이었다. 조선 초 명 재상 유관(柳寬)이 살던 누옥이다. 태조 정종 태종 세종까지 4대에 걸쳐 35

년 동안 정승의 자리에 있으면서 장마철 방에 비가 새면 과거급제 때 하사받은 일산을 펴들고 살았다하여 우산각이라 했다. 세종이 경회루에서 백관을 데리고 연회를 하는 도중 유관이 세상을 떠났다는 소식을 듣고 즉시 연회를 파하고 금천교에 상막을 짓고 제사지내며 사흘 동안 조정의 정무를 중단하라는 철시령을 내렸다. 그때 유관의 세수 88세였다. 그 후 유관의 외손이었던 선조 때 실학자 지봉 이수광이 물려받아 살다가 임진왜란 때 폐허가 된 이곳에 집을 다시 짓고 우산을 펴 간신히 비를 피했다는 뜻으로 비우당이라고

복원한 비우당

가톨릭 신학대 뒷동산을 북서쪽으로 휘어돌아가는 성채

불렀다.

이수광의《비우당기》에는 낙산의 동쪽 기슭 적산(商山)이라는 매부리가 있고 남쪽 두메에 마치 읍(揖) 하고 있는 듯한 바위산이 지봉(芝峯)인데 이 지봉 아래 우산 형태의 노송 십여 그루 사이에 5대조의 초막이 있었다고 썼다. 그러나 낙산공원관리소에서 비우당 앞에 세워놓은 표지판에는 '낙산의 동쪽 상산(商山)'이라고 써 놓았다.《비우당기》에 "낙산의 동쪽 기슭 적산(商山)"이라고 쓴 대목을 장사상(商)자인 '상산(商山)'으로 잘못 쓴 것이다. 밑동적(商)자는 나무뿌리처럼 사물이 생겨나는데 바탕이 되는 뜻을 가지고 있으므로 절대 '상'자로 바꿔서는 안 되는 글자다. 한양도성이 세계문화유산 등재를 앞두고 있는 지금 빠른 시일 내에 정정하길 바란다.

비우당을 찾아 청룡사로 간다. 조선시대 도선국사가 창건한 청룡사는 단종비 정순왕후가 82세에 세상을 뜰 때까지 머물렀던 정업원 자리에 동망봉을 바라보고 있다. 노 주지스님과 40년 넘게 늙은 보살들이 자식들에게 받은 용돈을 시주하는 것만으로 청룡사를 지키고 있는 비구니 스님에게 비우당이 있던 자리가 어디냐고 물었다. 스님은 청룡사 서쪽 바로 옆에 높이 솟은 쌍용아파트를 가리키며 저 언덕 어디쯤 있었다 한다. 지금 원각사 서쪽 뜰에 지어놓은 것은 제자리가 아니라고 설명해도 사람들은 믿으려하지 않는다고 한다. 시대가 바뀌니 사람도 바뀌어 역사는 왜곡되고 훼손되기도

하지만 그래도 역사의 숨결은 어딘가 명맥을 이어가야 할 텐데 그
것마저도 사라질지 모른다고 안타까워했다.

명신초등학교 바로 앞 천사놀이방 가파른 길을 내려가니 원각
사 서쪽 뜰에 새로 지은 비우당 초가삼간이 있다. 그것도 기와집에
서나 쓰는 커다란 사개목 기둥을 세우고 날아갈 듯 지었다. 뒤편 옆
으로는 자주동샘이라 비석을 세우고 자주동천에 대한 내력의 표지

동망정

판도 세웠다. 건너편 동망봉을 정원으로 조성하며 정순왕후를 기려 동망정(東望亭)까지 세워 놓았는데 어찌하여 지봉 이수광의 집터인 비우당 마당에 세웠는지 이해하기 어렵다. 청룡사 비구니 스님의 말처럼 후대사람들이 그것을 보고 역사의 진실이라 믿고 있다는 게 문제다.

정순왕후의 눈물로 젖은 산 동망봉까지 둘러보고 창신2동 골짜기로 내려간다. 마추픽추(Machu Picchu, 페루의 남부에 있는 잉카의 성곽도시가 있던 터)처럼 아슬아슬하게 산꼭대기까지 집을 짓고 살아가는 동네에서 낙산의 도성을 바라보니 마치 성이 파도를 타고 가는 백룡처럼 보인다.

암문을 지나 성은 허물어져 다시 쌓고 미국쑥부쟁이가 성벽 돌사이에 뿌리를 박고 하얗게 꽃을 피웠다. 머나먼 고향을 떠나 타국에서 살아가는 귀화식물의 생명력은 질기다 못해 독하다. 세종 연간에 쌓은 성벽에는 오동나무도 와서 살고 개가중나무 담쟁이덩굴 들국화가 붙어 산다. 그곳 기단돌에 평택(平澤)조(造)라고 새긴 각자성석이 있다. 경상도 사람들이 쌓은 성에는 시면(始面)을 썼고 충청도 사람들은 그들이 쌓은 성에 배시(排始) 또는 중인변의 배(俳)자를 썼다. 그런데 어떻게 경기도 평택 사람들이 쌓은 성에 배시를 썼을까. 조선시대 평택은 충청도에 속했기 때문이다. 황해도와 평안도 사람들은 자기네가 쌓은 성 말미에 상말(上末) 또는 시상말(始上末)이라 쓰고 경상도의 시면을 말면(末面)이나 하말(下末)로 쓰기도 했다. 시면이 여기서부터 시작이라는 것을 지칭했다면 말면은 여기서 끝난다는 표시다. 각 도마다 그들이 쓴 고유언어인 각자성석이 갖고 있는 뜻을 알면 지명이 옛 지명이거나 풍화되어 판독이 불가능해도 어느 도 사람들이 쌓았는지를 알 수 있다.

각자성석 지대를 지나 조금 올라가면 높이 50센티미터에 길이 2미터 되는 성돌에 좌룡정(左龍亭)이라 행서체로 커다랗게 새겨 있다. 근처 어디 좌룡정이라는 정자가 있었던 게 아니었을까. 주변의

동대문에서 혜화문 사이에 있는 좌룡정

풀숲을 헤쳐봐도 정자의 흔적은 보이지 않는다. 그렇다면 왜 성돌에 좌룡정을 박아 놓았을까. 낙산 정상에서 흥인지문을 향해 내려가는 행룡(行龍)의 기(氣)를 보충해주기 위한 풍수의 한 방편은 아니었을까. 실제로 좌룡정이 있었다면 정자에 편액을 달았을 터 이렇게 큰 돌로 정자 이름을 써 축성하지는 않았을 것이다.

낙산 정상이다. 조선시대 도성의 조성 원리를 한 눈에 볼 수 있는 곳이다. 낙타의 등뼈처럼 생긴 바위가 지나온 길을 되돌아보며 허망에 젖어 멍하는 사이 아파트가 들어서며 성은 끊어졌다. 낙산공원을 조성하면서 다시 이어져 단장의 슬픔을 안고 혜화문을 향해 굽이굽이 돌아가는 모습이 형언할 수 없이 눈물겹다.

순하디 순한 낙타산은 여기서 한 줄기 동남으로 뻗어 내려가며 온몸을 사람들에게 다 내주고 동망봉으로 간다. 그리고 골짜기 골짜기마다 청빈의 메카처럼 인걸을 키워냈다. 보현봉을 옆에 끼고 불암산 수락산 사패산이 병풍처럼 둘러쳐 광활한 서울의 동북부를 품고 있다. 비록 125미터에 불과한 얕은 산이지만 동촌이씨의 세거지며 안평대군(1418~1453, 조선 세종의 셋째 아들. 시문 서화를 잘했으며 계유정난 때 수양대군이 김종서 등을 죽일 무렵 연루되어 강화도에서 사사됨)의 석양루와 이화정 이심원의 일옹정 그리고 백림정이 있었고 1868년 고종 때 건립된 조선의 군무를 관장하던 삼군부(三軍府) 총무당이 있었다. 낙산의 젖줄이라 불렀던 이화동 약수와 신대약수가 있는 주위에는 탑골승방이라 불렀던 보문사 청룡사 미타사 등 고려 때 창건된 비구니 도량이 있었다. 특히 보문사는 전 세계 단 하나 비구니 종단 보문종의 총 본산이다.

종로구와 성북구 경계선 낙산공원길에서 성안 낙산공원으로 들어가 우렁각시가 싸준 찐고구마 홍시 커피로 점심을 때우며 앞을 바라보니 삼청공원에서 창경궁 종묘까지 내려오는 울창한 비원의 숲이 서울의 심장처럼 보인다.

낙타등 뒤뿔 같은 바위에서 세종 연간의 외성은 보현봉을 바라보며 기세도 등등하게 내려가고 성밖길 아래 급경사의 언덕에다 장

삼군부 총무당

수마을 사람들은 층층이 집을 짓고 빨갛게 감나무를 키우며 아주 오래 전 떠나온 고향처럼 산다. 관광길에 나온 사람들이 장수마을 골목을 지나가며 얼마나 떠들어댔는지 낭떠러지 같은 좁은 길 벽 기둥에다 '조용히 지나가시오'라고 써붙였다.

길 저 아래 할아버지 한 분이 지팡이를 집고 성벽길을 향해 올라온다. 검버섯이 얼굴에 꽉차 백수(白壽)에 가까운 얼굴이다. 그런 데도 별로 힘들어 보이지 않고 가파른 길을 올라서서 멀거니 맞은 편 한성대학 신축공사장을 바라본다. 할아버지 올해 춘추가 어떻게 되시냐고 물으니까 구구라고 혀짧은 소리를 할 뿐 다음 말을 잇지

삼선동 장수마을 입구

못한다. 근처 길가에서 고추를 널어 말리는 70대 아주머니에게 물으니 저 할아버지는 99세고 이곳에는 97세를 넘은 어른들이 태반이라고 한다. 조선 초 세수80세가 넘었던 유관과 정순왕후가 이곳에 살았다는 것도 어쩌면 장수마을과 무관하지 않을 것이다.

장수마을 사람들이 빨강 파랑 노랑 초록 지붕을 해 이고 살 듯이 세종 연간의 성돌은 붉나무 닭의장풀꽃 들국화 쑥부쟁이 싸리나무를 키우며 세월의 때가 올라 검누런 몸을 구불텅 동남으로 휘어 돌아 서북으로 머리를 돌린다. 그리고 다시 성은 내공을 채우듯 색색으로 물든 카톨릭신학대 뒷동산 수백 년 묵은 갈참나무 느티나무들의 풍경을 가슴에 안고 혜화문으로 간다. 북한산이 하늘에 닿아 있고 서울 강북 일대가 한 폭의 수채화처럼 낙산 구간에서는 가장 아름다운 구간이다. 성곽길에 나온 사람들은 한 장의 수채화를 저장하기 위해 카메라 셔터를 수없이 누른다.

성은 동북으로 휘돌아 미아리 가는 길목에서 발을 멈추고 혜화문을 향해 우두커니, 성이 끊어진 자리에는 담쟁이덩굴이 선혈처럼 흐른다.

04. 명륜동 암문에서 바라본 정고개

　혜화문으로 들어가 누대에 올라섰다. 북악산 삼청각에서 돈암동 동선동 안암동으로 흘러간 산줄기 안에 성북동 동소문동 사람들이 산 위에까지 집을 짓고 별처럼 살고 있다. 동소문동 저 어디쯤 성종 때 도리정치의 대가 이윤경(李潤慶)이 살았고 성안으로는 성균관이 있는 관동 노비촌이 있었다. 지금 명륜동 1, 2가의 관사람마을이 관동이다.

　성균관에서는 사성(四聖) 십철(十哲) 육현(六賢)을 모시는 제사를 지냈다. 고려 때 대 유학자 안유의 후손인 순흥 안씨 가문에서 거느리던 100여 명의 노비들이 제삿일을 맡아했다. 제사 때마다 신과 함께 음식을 나눠먹는다는 의미로 잡은 짐승으로 국을 끓여 함께 나눠 먹는 신인일체(神人一体)의 뜻이 담겨있는 선농(先農)사상의 음

혜화문(동소문)

식이다. 이 선농탕을 끓인 것도 선농탕을 저자거리에 팔기 시작한 것도 관동 노비들이다. 조선조 말까지도 관동에 가야 먹을 수 있는 귀한 음식이었다. 그 선농탕이 지금 우리가 먹는 설농탕이다.

혜화문에서 창경궁로 35다길을 따라 세종 때 쌓은 성채가 원형 그대로 남아있다. 사람들이 북적거리는 주택가에서도 옛모습을 잃지 않고 고색이 짙은 아름다움을 간직하고 있다. 들국화 애기똥풀이 성벽 틈에 뿌리를 박고 매서운 봄 추위에도 파릇이 새싹이 돋아나는 것을 가만히 바라보고 있으니까 성채가 살아있는 것처럼 보였다. 오래된 돌에는 불가사의한 마력이 숨어있는 것일까.

여기서부터 성체만 남아있고 여장이 없다. 사람들이 성벽에 바짝 붙어 집을 짓고 살기 때문이다. 두산빌라가 여장은 물론 성벽의 일부까지 헐려나간 그 위에 그들의 집 담을 적벽돌로 쌓았다. 얼마 안가 두산빌라 담장 끝에서 절반 남은 옛성도 끊어진다. 성이 지나갔던 자리에 한옥 한 채 짓고 뒤란에 붉은 납작감을 화초처럼 키우며 사는 고만고만한 집들이 성터를 점령해 버렸다. 성은 혜성교회 정문 오른쪽으로 기단돌 몇 켜 남아있는 성돌 위에 교회 대문 기둥을 세우고 시멘트 벽돌로 담장을 쌓았다. 남아있는 몇 켜의 성돌들은 저희들끼리 몸을 끌어안고 새파란 이끼를 키우며 애처롭게 남아있다. 조상들이 피와 땀으로 남겨놓은 유산을 우리 손으로 헐어내고 그 위에 집을 짓고 구조물을 설치했다. 해방 이후 선풍적으로 몰아닥친 구습타파와 난개발로 인한 슬픈 역사의 잔재다.

길 건너 집 소나무 위에서 까마귀 한 마리 귀곡성처럼 까악까악 울고 위로는 경신고등학교 담장 밑에서 두어 켜의 옛 성돌들이 제대로 숨도 쉬지 못하고 고통스럽다. 한양도성의 이런 모습은 도시가 개발되면서 체코의 프라하성도 다르지 않았다.

경희궁 앞에 있는 서울역사박물관에서 2015년 2월 1일까지 전시하는 '프라하-유럽 중앙의 요새' 전 자료에 의하면 10세기에 시작해 11세기 후반까지 지어진 성이다. 그에 비해 한양도성은 15세기 초(1422년) 전 세계에 유래가 드문 단기간에 쌓은 성이다.

태조 때 옛성이 간신히 버티고 있는 성채

조선시대 건축 석공들은 도시의 위치와 배치등을 풍수지리에 기반을 두었는데 프라하 건축가들은 입지의 지형과 지세를 기본으로 했다. 한양도성은 한강의 한변에 치우쳐 있는 반면 프라하성은 블타바강 양쪽에 위치하고 있다. 한양도성이 화강석을 채석해 장방형 또는 정방형으로 절단 성벽에 노출된 부분을 막다듬으로 다듬어 규칙적으로 쌓았는데 프라하 성은 이판암을 채석한 상태 그대로 돌담을 쌓듯 단면만 보이게 누여쌓기 방식으로 빈 공간에는 진흙을 사용해 쌓았다. 그리하여 프라하성이 적과 싸우는 전투와 방어요새의 기능에만 중점을 둔 성이라면, 한양도성은 전투와 방어는 물론 조선시대 석공들의 섬세한 손길에 의해 건축구조학적으로나 조형미술적으로도 뛰어난 도성이다. 특히 세종 때 쌓은 성이 그러하다.

어디로 갔는지 흔적도 없이 지워진 성은 얼마나 더 가야 다시

최순우 옛집

살아있을 지 허망하게 걸어가는데 경신고등학교 북쪽 담장 밑에 숙종 때 쌓은 성이 보인다. 얼마 가지 않아서 성북동길 앞에서 기단의 몇 줄 남아있는 성마저 다시 끊어져버리고 서울과학고등학교 앞으로 건너간다.

혜화동과 성북동 경계선 산날등이다. 왕돈까스(서울본점) 옆에서 성북동 언덕을 조금 내려가면 동북향을 바라보고 있는 최순우 옛집이 있다. 한국의 도자기와 전통 목공예 회화사 분야에서 한국의 미를 재발견한 혜곡(兮谷) 최순우가 1976년부터 작고할 때까지 살며 많은 업적을 남긴 집이다.

최순우 옛집을 둘러보고 성은 과학고등학교 정문에서 몇 켜의 세종 연간의 검푸른 옛돌 위에 마지막 남은 이 시대의 석공들의 손에 의해 정교하게 단장, 과학고를 끼고 서쪽을 향해 산을 올라간다. 밑바닥에 남은 성돌들은 푸른 빛이 감도는 검은 배를 땅에 깔고 막 승천하려는 청룡의 기세다. 그곳으로 성북동 사람들이 밀물처럼 밀려들어 빽빽하게 집을 짓고 다들 어디로 갔는지 적막강산이다.

성은 서울국제고 옆을 돌아 세종 연간에서 가끔 숙종 때 옷으로 갈아입기도 하며 산으로 올라간다. 숙종 때 축성은 커다란 장방형의 돌을 하단에서 여장 밑까지 거의 같은 돌을 수직으로 쌓았는데 세종 연간의 축성 방식은 정방형과 장방형의 돌을 하단에는 크게 위로 올라 갈수록 작은 돌을 안으로 감싸듯 쌓았다. 그것을 숙종 때 다시 쌓으며 세종 때 네 켜로 올라간 성돌에 단 하나 정방형의 돌을 이어대 쌓았다. 이 과감한 복원 방식은 성돌 하나하나가 가지고 있는 구조상의 견고성을 기반으로 하지 않고서는 불가능할 것이다.

베니아판으로 집을 짓고 검은 루핑으로 지붕을 해 이고 용마루 한가운데 연통을 빼낸 것으로 보면 가내공업을 하는 집인 것 같다. 자기 땅처럼 성벽에 붙여 말뚝을 박고 철조망을 쳐놓았다. 철조망

성벽에 기대듯 붙여 집을 지은 숙종·태조 때 성

을 넘어간다. 세종 연간의 옛성이 안쪽으로 휘돌아 올라간다. 성채 중간 이쪽으로 새로 복원해 정교한 성벽보다 중간 아래 남아있는 옛성의 돌들이 들어가고 나오고 조금씩 어긋나고 어긋난 곳에 잔돌을 끼운 것이 얼마나 정겹고 아름다운지 오래도록 발길을 떼지 못한다.

옛성은 가파른 산 언덕을 올라서며 안으로 휘어돌아 서북간을 향해 올라간다. 그 안에 아스팔트로 포장한 순례길이 있고 스테인리스 난간도 세웠다. 길 옆에 검게 그을린 시멘트블럭집 한 채 낡은 기와를 이고 배시감치 서 있고 위에는 벽돌에 시멘트 미장을 한 작은 집 하나 대문간을 지붕 높이와 똑같은 곳에 덜렁 세워놓고 대문 안 언덕을 내려가 집으로 들어간다. 세간살이는 남색 플라스틱 물통 고무다라 순창고추장통 말린 시래기를 길가 벽에 걸어놓고 대문 간을 하늘 높이 바라보며 산다. 하단에 남아있는 세종 때 옛돌에는 무슨 연유로 어떻게 찾아왔는지 돌 틈마다 갖가지 풀들이 봄 채비에 부산하다.

와룡공원으로 올라가기 위해 성은 잠시 발길을 멈추고 언덕 위에 섰다. 보현봉 백운대 도봉산까지 흘러가는 북한산을 조산으로 하고, 하늘색 슬레이트 이중 ㄱ자집 한 채 지붕 물매를 완만하게 잡아 산 위의 지형과 조화를 이루고 장독대는 지붕처마 선과 나란히 반반한 땅 위에 크고 작은 항아리 서너 개 설치작품처럼 놓아두었

와룡공원으로 올라가는 태조 때 성채

다. 성의 기단 위로 지붕 높이가 올라가지 않게 집을 짓고 사는 집
주인의 배려의 마음을 알 수 있을 것 같다. 장독대 옆에 앉아있는
하얀 복실개도 제 주인을 따라 집이 저보다 아래 있어도 내려다보
지 않고 하늘을 보고 컹컹 짖는다

　　성은 채마밭 끝에서 급경사길을 숨가쁘게 올라간다. 성 밑에 사
는 사람들이 채마밭을 만들면서 길을 막아 더는 성을 따라 갈 수가
없다. 사람이 다니지 못하니까 긴 꼬리 하얀 얼굴 머리에 검은 운동

모자를 쓴 것 같은 물까치가 떼지어 살고 있다. 귀한 물까치를 데리고 사는 성은 서북간의 가파른 산 언덕을 계단처럼 만들며 와룡공원을 향해 잔설을 서벅서벅 올라간다. 옛 사람들이 성북동에서 명륜동으로 넘어가는 암문이다.

세조의 외동딸 의숙공주의 노비 중 한 사람이 성균관 뒤편 부엉바위 밑에 살았다. 노비한테는 딸 하나가 있었는데 미색이 출중했다. 그때 성균관에서 과거 공부를 하고 있던 안윤이라는 청년이 있었는데 성균관길을 오르내리는 노비의 딸을 보자마자 공부는 뒷

명륜동에서 성북동으로 넘어가는 암문

전으로 깊은 사랑에 빠졌다. 그러나 그녀는 안윤을 지극히 사랑하면서도 육체적 접촉은 한사코 막았다. 그로하여 결혼하게 되고 자식을 낳게 되면 사랑하는 안윤은 가문에서 쫓겨나게 되고 자식은 자기처럼 천한 종이 되기 때문이었다. 그러나 둘이는 몰래 동거한다는 헛소문이 퍼지게 되고 의숙공주의 남편 하성부원군 정현정은 노비의 딸에게 가문형(쥐도 새도 모르게 자결토록 하는 형벌)을 내렸다.

안윤은 밤마다 이 고갯길을 미친 듯 헤매었다. 사랑하는 여인의 환영 속에서 날마다 밤새워 울부짖었다. 그는 식음을 전폐하고 머리는 산발한 채 실성하여 사랑하는 여인이 넘어다니던 고개에서 마침내 죽고 말았다. 그 후 사람들은 이 고개를 '정고개'라 불렀고 노비의 딸이 살던 정고개 너머 마을을 '정골'이라고 부르게 되었다. 그 고개는 문명한 도시의 건설로 흔적도 없이 사라지고 이젠 양현관을 비롯해 수많은 건물들이 빼곡이 들어차 있다. 옛날 정고개 길이 있었을 것 같은 아득한 느낌의 길을 찾아 성균관대를 향해 내려간다.

지금은 8번 마을버스가 명륜동4가 산동네 꼭대기 밑에까지 뒤로 미끄러질 듯 아슬아슬하게 올라오고 있다.

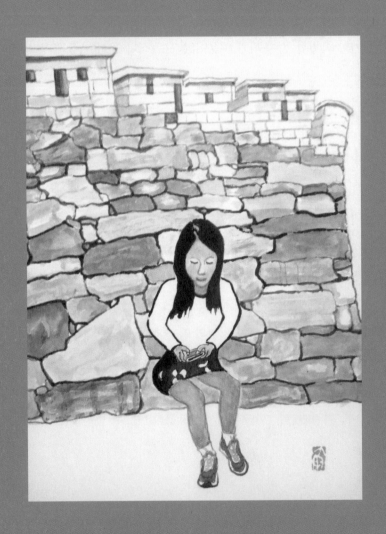

05. 말바위에는 말이 없다

숙종 때 쌓은 성채가 암문 밖 돌계단을 까치걸음으로 간다. 올라가다가 힘이들어 작은 마름돌들(채석장에서 떠낸 것을 일정한 모양으로 다듬은 돌)을 흘러가는 세월같이 아무렇게나 척척 얹어놓은 것 같은데 지금까지 돌 틈 하나 벌어지지 않고 그대로 남아 여장 위에 지붕돌이 마치 시절을 따라 서쪽으로 가는 철새들 날갯짓처럼 보인다. 성이 만곡(彎曲)처럼 들어간 자리 언덕 밑에 조립식 집을 짓고 마당에 찻잎을 키우며 인도 다질링 사람들 같이 살고 있는 이곳에서 북쪽을 바라보면 끝없는 황량함마저 느껴지는 어떤 상상 속의 도시처럼 생각되기도 한다. 고성(古城)과 함께 하는 이곳만의 고적한 매력이다.

계단길을 올라서서 성은 남서방으로 꼬부라져 돌아가는데 구배(勾配)를 잡고 휘어돌아가는 내구력을 키우기 위해 ㄴ자형 통돌을 군데군데 박아 넣었다. 구부러지는 원의 정점에 약 10센티미터 정도 네 켜의 성돌을 성벽으로부터 튀어나오게 쌓았다. 이것은 내구성을 위한 받침대 역할을 하는 것인데 성채의 돌을 그대로 이용해 별도의 보를 세우지 않고 본체의 성돌을 요철 형식으로 처리한 것이다. 이런 공법을 옛 석공들이 어떻게 생각해 냈는지 볼수록 감탄을 금할 수가 없다.

급하게 휘어돌아가는 성채의 내구력을 키우기 위해 ㄱ과 ㄴ형의 통돌을 박고 퇴물림으로 쌓은 성채

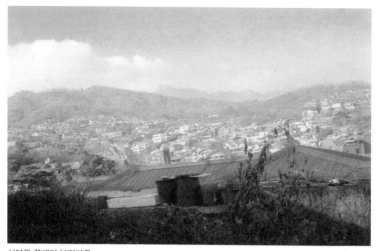
성북동 꼭대기 북정마을

숙종 때 성은 삼청각을 바라보며 서북방에서 남서방으로 용트림을 하며 올라간다. 언덕 위 숲 속에는 아까시 참나무 오리목들이 빼곡이 들어차 있다. 딱따구리가 따르르 울고 까마귀 떼가 새까맣게 하늘을 난다. 여기서부터 세종 때 옛성은 하단으로 절반쯤 그때의 민초들 눈물이었을까 봄기운이 돌아 촉촉하게 물을 머금었다. 어떤 성돌은 돌 틈에 수없이 쑥부쟁이를 키우며 바스러지고 있다. 제몸이 부서지도록 풀들을 키우며 꽃을 피우는 성돌들이 유적을 지키는 성자 같다.

프랑스 앙제성은 열일곱 개의 거대한 원통형의 성탑들로 된 성이다. 단순히 적을 방어하기 위한 수단으로서의 성이라기보다는 흰

석회석과 검은 화강암으로 쌓은 성체가 보여주는 것은 웅장한 신화적 느낌이 강하다. 그래서 우람하고 화려함의 극치를 보여주는 성이지만 한양도성은 왕조를 지키기 위한 방어의 수단으로 지어진 성으로 민초들이 그들 스스로의 석축 기술을 가지고 마음 가는 대로 쌓은 성이다. 그리하여 엄엄하지 않고 질박하며 사람들의 이야기가 있는 따뜻한 성이다. 성돌 하나하나를 자세히 들여다보면 그 속에 많은 사연이 들어있다. 하해와 같은 마음으로 자식을 품고 있는 어머니, 엄부의 얼굴로 우뚝 서 있지만 자애로운 아버지, 형제들끼리 친구들끼리 서로 기대고 받쳐주는 우정 같은 것이 깃들어 있다.

지금까지 여장을 제외하고 기단까지 보통 여덟 켜 이상이었는데 여기서부터 절반인 네 켜의 높이다. 성도 가다가 힘이 들면 환골탈퇴 제몸을 덜어내고 가벼이 행장을 차려야 한다. 그리고 언덕을 올라서서 더욱 몸을 낮춰 군부대로 들어가는 돌문을 내주고 서북방으로 휘어 돌아간다. 건너편 산비탈에는 성북동 부잣집들이 마당에 명품 소나무들을 키우며 산 위의 별궁처럼 박혀있다. 성 안에는 수도 경비를 맡고 있는 군부대 막사가 보이고 세종 때 옛성이 그대로 남아있다. 성 위로 올라가면서 성돌들이 세월에 각을 죽이고 보료 베개모처럼 나란히 박혀있어 말할 수 없이 정겹다. 성은 여기서 군부대 앞을 지나 북으로 꺾어 돌아 서북간으로 뻗어나왔다가 숙종 때 성으로 바뀌어 서쪽을 향해 간다. 이 구간의 성돌들이 많은 부분

군부대 옆을 지나가는 세종 숙종 때 체성

풍화되었다. 군부대가 끝나는 지점부터 세종 때와 숙종 때의 축성으로 바뀌기를 반복하면서 급경사의 언덕을 숨가쁘게 올라간다.

성은 북악산에서 오는 산줄기를 만나기 위해 잠시 평지를 만들며 숨을 고르는 중이다. 거기 고색이 짙은 세종 때 축성한 성채가 기단에서 열세 켜의 높이로 까마득히 올라가 여장을 어깨에 짊어지고 보무도 당당하다. 성 아래 골짜기에는 오리나무 팥배나무들이 하늘 높이 쭉쭉 뻗어있고 온갖 새들이 모여들어 저희들 목소리로 저희들끼리 노래를 부른다. 서쪽으로 흘러가는 길이 북향의 음습한 쓸쓸함에 젖어 무소르그스키 '전람회 그림 옛성'을 찾아가는 것 같다.

성밖으로는 성북동 심우장으로 가는 길이 고안으로는 계동 산길로 이어진다. 계동 산동네는 조선시대 북촌이라 불렀다. 이곳에는 대부분 가난하고 어려운 사람들이 살았다. 하지만 의기와 의협심으로 뭉친 사람들이 와서 살고 시인 문장가들도 이곳을 찾았다. 그 중에 비록 평민이었지만 신선같은 모습에 의협심이 강한 자소(子昭) 임준원(林俊元)이란 사람이 있었다. 구곡(龜谷) 최기남(崔奇男)에게 글을 배우고 시를 잘 썼고 말솜씨가 뛰어났다. 노부모를 모시고 집안이 가난해 그가 여망했던 모든 꿈을 버리고 내수사 서리로 들어가 돈을 모았다. 그 돈으로 가난하여 혼인 또는 장례를 치르지 못하는 사람들의 혼인과 장례를 대신 치러주고 빚을 갚지 못하고 고통받는 사람들의 빚을 갚아주었다. 장안에 소문이 퍼지자 그를 따르는 사람들이 구름같이 모여들었다. 임준원이 세상을 떠났을 때 그에게 도움을 받고 살아온 사람들이 친부모가 죽은 것처럼 통곡하며 초상을 치렀다.《조선평민열전》에 들어있는 당시 계동 풍경이다.

소나무 한 그루 성을 따라 남서방으로 구부러져 돌아가는 곡선을 손을 꼭 잡고 걸어가는 두 남녀의 모습이 영원으로 가는 길처

북악산을 바라보며 잠시 숨을 고르는 고색이 짙은 세종 때 성채

럼 보인다. 그렇게 돌아가다 성은 말바위가 있는 산 너머에 철제계
단을 설치해 성 위에 전망대를 만들어놓았다. 전망대에 올라서 앞
을 바라보면 삼청각이 바로 눈 앞에 있고 뒤로는 보현봉이 머리만
보인다. 동북방으로는 불암산 수락산 사패산 서울의 동북이 원경을
찍은 사진처럼 펼쳐진다. 산 아래로 뛰어내리듯 발길을 내딛는 세
종 때 성은 수십 켜의 높이로 까맣게 올라가 임산부처럼 볼록한 몸
에 검푸른 세월의 이끼를 입었다. 저 이끼 긴 돌 속에는 어떤 간절
한 염원이 잠들어있는 것은 아닐까. 어떤 돌은 모가 닳아 둥그스럼
하게 또 어떤 것은 툭 튀어나와 금방이라도 허물어질 것 같은데 그
러함에도 많은 시간의 여울을 무사히 건너가고 있다.

철계단을 넘어 성안으로 들어간다. 600년 세월의 빛 속으로 4
월의 햇살이 무장무장 쏟아져 내리는 성벽에 이 시대의 한 여자애
가 기대앉아 훤히 들여다보이는 살색스타킹의 다리가 스르르 벌어
지는 것도 모르고 스마트폰 화면을 넘기느라 정신이 없다. 그 모습
이 어딘가 슬프다. 터질 듯 술렁이는 양광의 오후 풍경 속에 젖어드
는 이 슬픔은 무엇일까.

성은 바위벼랑 위를 타고 간다. 길이 없으므로 잠시 성과 떨어
져 성북동으로 가는 마지막 행로를 따라 벼랑을 돌아 성벽에 기대
사는 소나무 앞에서 숙종 때 성과 만났다. 하계로 흘러가는 성의 여
장을 바라보니 뭍으로 나왔다가 물 속으로 들어가는 거북이들의 행

렬처럼 보인다. 바위 틈에 뿌리를 박고 사는 오래된 진달래나무가 있는 내리막길에서 세종 때 성은 일정한 줄도 없이 삐뚤빼뚤 생긴 대로 크고 작은 돌들이 서로 자연스럽게 얼굴을 맞대고 내려간다. 중간쯤에 석마 한 마리 성벽에 머리를 박고 이랴 소리 한 마디 떨어지면 금방이라도 도성 안으로 달려갈 태세다.

　말바위 안내소에도 말은 없고 말바위에도 말이 없다. 삼청동으로 내려가는 산 언덕에 "삼청공원 말바위 유래" 표지판이 있는 곳에 산을 올라오다 지친 듯 말머리를 바위 위에 턱 걸쳐 놓은 말바위가 있다. 성 밖에는 성 안으로 들어가려는듯 대가리를 성벽에 들이받

말바위 안내소가 있는 정상의 여장

고 있는 사람들의 무관심 속에 아무도 모르게 여기 말이 있다. 어떻게 보면 태종 때 방식으로 쌓은 것 같기도 한 세종 때 성이 많은 풍상의 세월 속에서도 자연의 한 부분처럼 남아있는 성과 함께 있다. 사람의 발길이 잘 닿지 않는 산악지대이기도 하지만 당시의 자연친화적인 축성방식의 결과물이 아닐까.

성은 말바위 안내소로 가기 위해 나무계단을 만들어놓고 성 안으로 가란다. 사실 서울과학고 앞에서부터 성 안으로 가라는 것을 나는 성의 진면목을 보기 위해 여기까지 계속 성 밖의 험한 길로 성을 따라 왔다. 지나온 길을 되돌아 바라보니 태산준령을 넘어온 것

숙정문을 향해 가는 태조 때와 숙종 때 옛성

같다.

성은 칸칸이 세종 때 허물어진 것을 기둥을 세우듯 숙종 때 성으로 복원하며 말바위 안내소 뒤에서 깎아지른 산날등 곡장을 꺾어 돌아 다시 숙정문을 향해 내려간다. 그 곡장 부분에는 성채를 보호하고 통행인의 안전을 위해 철조망으로 막아놓았다. 나무계단이 있는 돌문으로 다시 내려와 성 안으로 들어간다. 이곳에서 숙정문과 북악산 부암동 창의문까지 가려면 비치된 허가서에 인적사항을 기재하고 주민등록증과 대조 본인인가를 확인한 다음에야 통과할 수 있다.

조선시대 성을 지키기 위해 병사들이 순라를 돌았을 성 안길을 따라 말바위 안내소에서 말바위를 찾아간다. 말바위는 성 밖에서 성이 말바위 안내소가 있는 봉우리로 가기 위해 내려가다가 암벽을 타고 올라가던 바위산이 바로 말바위였다. 그러나 말바위에도 말이 없다. 소나무숲 속에 거대한 몇 개의 바위덩어리가 몸을 맞대고 누워 있거나 서 있는 위에 삼각의 바위가 새처럼 뙤똑 올라앉아 있는 것이다. 어디에도 말을 닮은 형상의 돌은 없는데 어째서 말바위라고 했을까.

삼청동 골짜기에서 60년을 살았다는 한 노인은 조선시대 임금님이 말을 타고 올라다녔기 때문에 말바위라 이름이 붙었다고 했다. 말바위 안내판에는 말을 이용해 문무백관이 시회(詩會)를 열며

험한 산록의 태조 때 성채 앞에 있는 말바위

말바위 안내소 앞을 지나가는 태조와 숙종 때 성

녹음을 만끽했다는 데서 말바위라 불려지게 되었다고 기록했다. 하지만 말바위 근처를 아무리 둘러봐도 문무백관이 말을 매고 시회를 즐겼을만한 공간은 없다. 말바위 전망대에 올라서서 바라보면 응봉산 청계산 남산 관악산 안의 한양 시내를 그대로 내려다볼 수 있는 조망 장소였다. 노인의 말처럼 임금님이 간단한 행장으로 삼청동에서 와룡공원 쪽의 완만한 성곽길을 따라 말을 타고 가끔 이곳까지 올라와 집무에 지친 몸을 시원하게 풀었을 것 같다.

그때 임금님이 타고 다녔던 말이 죽어서 다시 환생한 것일까. 말바위가 있는 성 밖에서 준마를 닮은 말바위 한 마리 성 안으로 들어가려는 듯 성벽에 머리를 들이밀고 있다.

06. 숙정문, 잃어버린 시간을 찾아서

말바위 안내소 뒤를 돌아 전망대로 올라가는 급경사의 계단 층
층대에서 걸어온 길을 되돌아본다. 한양도성이 산날을 따라 소나무
사이를 한 바퀴 남으로 휘어돌아 다시 동으로 굽이굽이 돌아가는
모습이 마치 살아 있는 행룡(行龍)처럼 장대하고 장엄하다.

성은 층층이 가쁜 숨을 몰아쉬며 전망대에 올라서서 넓은 마루
바닥을 만들어 놓고 사람들에게 사방을 둘러보라고 한다.

말바위 안내소부터 평창동 곡장을 지나 암문까지 청운대에서
창의문까지는 내성길 이외의 성밖 외성길은 절대 통행금지구역이
다. 군사보호지역이라 지정된 장소 이외에는 사진촬영도 금지되어
있다. 그리하여 성의 진면목을 볼 수 있는 성채는 안으로 휘어돌아
올라갈 때 성안에서 보이는 부분만 그것도 군인들의 검열하에 사진

숙정문

촬영과 취재가 가능하다.

　전망대를 지나 성은 숙정문을 향해 또 충충이 내려가 소나무숲 속을 내안으로 돌아 다시 밖으로 꺾어 돌아간다. 성채 외벽은 숙종 후기의 축성으로 구간구간 옛것 새것이 섞바뀌로 이어진다. 내성길 만 내놓고 길 밖으로는 목책으로 막아 통행을 금지시켰다. 태종 때 여장이 그대로 남아 있는 듯 돌과 돌 틈이 벌어지고 풍화되어 총안 (銃眼, 적을 공격하기 위해 성가퀴에 만든 활이나 총을 쏘는 구멍)이 깨지고 헐 어 간신히 버티고 있다. 그리고 성은 평지를 조금 걸어가다가 태조 때와 숙종 후기의 유구(성돌)들로 숙정문을 향해 성밖으로 휘어 돌 아간다. 성가퀴가 먼길을 떠나는 기러기의 행렬을 닮았다. 그렇게 성은 제 몸을 시꺼멓게 태우며 내려가고 내려가 세월의 돌 틈이 벌어져 그 틈으로 성 밖을 빼꼼이 내다보며 숙정문으로 간다.

숙정문은 1396(태조5)년에 세웠다. 현재의 숙정문은 1876년 복원한 것이다. 험한 산악지대에 위치해 있기 때문에 한양도성의 다른 문과 달리 조선시대부터 거의 사람의 통행이 없었던 문이다. 1413년부터는 문을 폐쇄했다. 다만 풍수에서 물로 보는 음(陰)에 해당하기 때문에 나라가 가뭄이 들 때 비가 내리라는 염원으로 문을 열었다. 1968년 1.21사태 이후 굳게 닫혔다가 2007년 노무현 대통령 때 다시 문을 열었다는 표지석을 숙정문 안내소 가는 길에 조그맣게 세워놓았다. 그러나 문 안 삼청동 쪽으로는 지금도 전면 통제되고 있다. 숙정문 밖으로 성북동 맨 끝 동네 서울명수학교 앞으로 지하철4호선 한성대 입구역으로 이어지는 길은 한국인은 물론 외국인들까지도 성곽투어에 나서는 사람들로 사시사철 북적이는 문이 되었다.

성밖 외성은 태조 때 산지의 막돌들을 뾰족한 귀만 날리고 자유자재로 맞추어 쌓은 성이 여장을 다시 해 이고 오랜 그리움처럼 남아 있다. 그리고 거기에 맞대 숙종 후기의 성돌로 복원해 숙정문 좌현에 닿는다. 이런 복원방식은 생뚱맞기도 하고 격에 어울리지 않는다고 생각할 수도 있다. 하지만 오래 들여다보고 있으면 그 속에는 옛것과 새것의 대비, 즉 옛것을 파괴해 버리지 않고 그대로 둔 보존의 깊은 마음이 담겨 있다는 것을 느낄 수가 있다.

숙정문에 가까이 와서부터는 세종 때 축성방식으로 복원했다. 화강석을 거친 다듬이로 표면을 처리했으면 세월의 숨결을 느낄 수 있을 텐데 잔다듬이를 더하고 다이아몬드톱날로 절개해서 너무나 매끄럽다는 게 조금은 아쉽다. 성문 우현에는 세종 때 축성해서 태조 때 유구들로 여장 밑 외벽을 쌓은 뒤 숙종 후기의 축성으로 언덕을 올라가다 태조 때 옛성이 그대로 남았다.

성 밖으로는 갈 수가 없어 성문 안으로 들어간다. 성 밖의 성채와는 달리 성문 바로 옆에서 가파른 계단을 올라 여장을 따라간다. 북악산에서부터 삼청각으로 북동진하는 산줄기가 성북동을 품고 서서히 몸을 낮추는 지점 평삼각형 구도로 여장 위에 얹혀서 여장의 옥개석이 북악산을 향해 따라 올라가는 모습이 대자연이 만들어

숙정문을 지나 산 위로 꺾어 돌아가는 성채

놓은 작품처럼 조화롭다. 여장이 세월의 무게에 가라앉아 옥개석과 여장 사이 틈이 벌어져 조각돌 위에 간신히 얹혀서 바람을 타고 있다.

성은 소나무가 울밀한 구간에서 북서진하다 가로등이 있는 데서 남서진으로 돌아 다시 북북서진으로 휘돌아간다. 그때 밖으로 태조 때 외성이 보인다. 파주석으로 바닥을 깔아놓은 아름다운 성 안길을 목에 표찰을 건 남녀가 쌍쌍이 내려온다. 덕수궁 돌담길처럼 아름다운 길, 그런 길에는 언제나 아름다운 사람들이 있다. 그리고 쉬어가고 싶은 곳이다.

마들렌느 과자를 적셔 녹인 차 한 숟가락을 입술로 가져갔다. 과자조각이 섞인 한 모금이 혓바닥에 닿는 순간 나는 전율하면서… 무슨 까닭에서인지도 알 수 없는 어떤 감미로운 기쁨이 분리되어 나와서 나를 엄습했다. 그것은 마치 사랑이 그렇게 하듯… 마르셀 프루스트의 '잃어버린 시간을 찾아서'를 불현듯 떠올리며 잠시 길 옆에 앉아 서린이 싸준 크루아상 한 조각과 따뜻한 커피를 마신다.

왕릉의 소나무들처럼 구부러지고 휘어진 소나무 가지들이 성 밖으로 뻗어 넘어간 길을 하늘로 올라가듯 하얗게 올라간다. 여기서 서쪽으로 가는 성을 바라보고 있으면 마치 성이 승천하고 있는 것처럼 보인다. 산 언덕을 올라서서 성은 남서진하다 밖으로 꺾어 서쪽으로 머리를 돌려 소나무숲 길을 숨가쁘게 오르며 북북진 산

정에 올라서서 남서방으로 꺾어 돌아간다. 성밖에는 숙종 전후반기와 태종 때 축성된 성채가 여장 너머로 보인다.

사람들은 여장 밖으로 머리를 내밀고 갈 수 없는 성채를 한참 바라보다가 간다. 보는 사람의 시선에 따라 거의 밖으로 U자 형상으로 꺾여 돌아 올라가는 모습을 보고 옛성의 축조미를 느끼기도 하고 조선시대 민초들의 노역의 고통을 생각하기도 할 것이다. 그래선지 여장에는 눈물 자국이 말라 붙은 것처럼 누렇게 물들어 있다. 남서방으로 한참 평지를 걸어간 성은 적송이 성안과 성밖에서 지키고 있는 산 언덕을 북서방으로 돌아가다 다시 남서방으로 돌아 계단을 올라간다. 여장 안으로 곳곳에 돌들이 균열이 가고 깨진 부분을 시멘트로 바르기도 하고 시꺼멓게 때가 절어 오랜 세월의 풍상이 고스란히 남아 있다.

남서방에서 성은 서서히 북서방으로 돌아가다 솔밭 앞에서 급하게 서남방으로 꺾어간다. 그리하여 내성길에서 솔밭 앞을 가로질러가는 성채를 볼 수가 있다. 태조 때 옛 성이 많은 부분 그대로 남아 있다. 사람들은 오랜 친구를 만난 것처럼 옛 성을 향해 손을 흔들어 본다.

오후 3시 운무의 하늘도 걷히고 햇볕이 쨍하고 난다. 그렇게 삼청동으로 흘러가는 골짜기를 끼고 가면 촛대바위다. 촛대바위 조망소에서 바라보면 촛대바위 꼭대기가 바로 발 밑에 있지만 저 아래 골짜기에서는 15미터가 넘는 절벽이다. 깎아지른 비탈에서도 소나무는 붉은 옷을 입고 촛대바위를 호위하듯 서 있다.

계곡을 따라 내려가면 옛날에 나지막한 언덕으로 된 화동(花洞)이 있었다. 조선시대에는 꽃마을이 아닌 꽃이 피는 마을 화개동(花開洞)이었다. 마을에는 꽃과 나무 등 왕궁의 정원을 관장하는 장원서(掌苑署)가 있었다. 참혹하게 죽은 사육신 중에 한 사람인 성삼문의 집터에 있던 장원서는 매년 중양절(9월9일)에 국화는 물론 특이한 기화요초 등을 길러 조정에 진상하는 일을 했다.

촛대바위 조망소에서 "화개 동쪽을 바라보니 님이 심은 절(節, 절개)을 생각하고 소나무 그늘에 쉬니 적연(寂然)하구나"라고 읊었던

촛대바위 밑으로는 천야만야한 절벽이다.

이아정의 시가 들리는 듯하다.

촛대바위를 지나서 성은 남서방으로 옛날 순라길의 계단과 지금 탐방객들이 다니는 내성길 계단과 함께 3층거리로 올라가며 산날등을 북서진으로 휘어 돌아간다. 외성이 보인다. 태조 때 옛성이 가끔 하얗게 빠진 이빨을 해 넣고 하늘 길을 돌아가는 것처럼 장엄한 아름다움의 곡선, 성안과 성밖엔 소나무도 청청하고 오랫동안 보고 또 보고 싶은 명소다. 비정형의 돌들로 성을 따라 축대처럼 올라가는 순라길 밖에서 여장이 여장을 어깨로 떠받치듯 이고 어여차 어여차 올라간다.

곡장(曲墻)이 시작되기 직전 순라길에 '출입금지'라고 푯말을 걸어놓은 안쪽 단풍나무가 무리지어 사는 곡장에 닿는다. 곡장은 주

북악산 곡장

로 솟아 있는 산 정상에 만드는 치성이다. 주위에 자연 방어적 요소가 없는 단독 봉우리에 밖으로 ㄷ자 형상으로 꺾어 돌아 들어오는 요새로 적의 접근 여부를 미리 파악하고 적들을 정면 그리고 좌우 측면에서 공격할 수 있는 방어능력을 갖춘 구조의 성이다. 곡장은 이곳과 함께 인왕산 정상에도 축조되어 있다.

곡장이 시작되는 동쪽 숙정문쪽 여장에서 앞을 바라보면 족두리봉, 향로봉, 비봉, 보현봉으로 가는 북한산 줄기가 바로 눈앞에 펼쳐진다. 곡장의 정면에는 1미터 높이의 마루판을 깔아놓고 나무계단을 설치했다. 이곳에 올라서서 사방을 바라보면 천하를 다 얻은 듯 통쾌하다. 얼마나 오랜 세월 비바람에 시달렸는지 성안의 여장은 돌틈이 쩍쩍 벌어지고 옥개석은 들떠 간신히 얹혀 있다.

시간의 여울 속에서 성을 지탱하고 있는 돌 하나하나의 입자가 저렇게 부서져나가 언젠가는 소멸할 것이다. 복원이라는 과정을 거쳐 새로 세워진 돌들의 성이 있을 뿐 지나간 세월 저쪽으로 돌아간 옛돌들은 기억도 나지 않는 먼지 속으로 산산히 흩어져가는 허무다. 사람들은 그 허무를 보상 받기 위해 자꾸만 새로운 성을 세우는 건 아닐까. 그러나 유적이란 허물어지다만 잔해 그 자체다.

해는 벌써 인왕산 너머로 꼴딱 넘어가고 성은 북악산 뒤편 어둠의 숲 속으로 서서히 가라앉아 흐릿한 윤곽만 드러내며 아득히 멀어진다.

07. 청운대로 넘어가는 나무다리

　　평창동 곡장을 꺾어 돌아 나온 성은 축대 위에 성벽을 보호하기 위해 현대의 석축기술로 덧쌓은 아름다운 무늬의 돌벽 속에서 타구(여장의 양쪽을 화살촉 같은 오늬형으로 만든 여장과 여장 사이의 공간)와 총안이 검게 탄 얼굴로 푸른 하늘을 이고 고고히 내려간다. 겹치듯 칸칸이 내려가는 옥개석이 용의 비늘처럼 보인다. 성벽 아래 옛 순라길에는 개나리 진달래 서로 꽃등을 세우고 다투어 피어있고 남산은 멀리 운무 속에 가려 희미한데 청운동 옛 화동 근처에는 산이 온통 꽃 천지다.

　　오랜 세월 수문장처럼 철갑을 입고 성을 지키고 있었을 아름드리 소나무는 밑둥치에 귀면문 같은 혹을 달고 푸른 가지를 뻗어 온몸으로 쏟아질 듯 내려가는 성을 덮어주고 있다. 그러나 어쩔 수 없이 옛성은 산을 내려가며 세월의 틈이 벌어지고 비바람에 풍화된 흔적이 곳곳에 남아 있다. 가파른 성을 다 내려가 뒤돌아보니 곡장 부분 성밖 태조와 숙종 때 성채가 아득히 감돌아간다.

평지다. 북악산으로 가기 위해 성은 오래된 소나무 두 그루 청청한 길에서 파이고 헐은 옷을 벗고 하얗게 새옷으로 갈아 입었다. 숙종 때 성에 잇댄 태조 때 성이 조금 남아 있다가 숙종 때 성으로 서북향을 향해 유유히 돌아나간다. 백악(白岳)을 배경으로 활처럼 휘어 돌아가는 정겨운 곡선의 끝에서 안국동 일대가 보일 듯 말 듯 한다.

북악산 호랑이가 경복궁을 지나 안국동 송현고개까지 내려왔다고 한다. 호랑이 담배 먹던 시절에 전해오던 이야기다. 수진방(지금 수송동)에 있었던 수진궁(壽進宮)에는 못된 왕가의 귀신들이 득시글거린다고 장안에 소문이 자자했다. 조선 제8대 예종의 둘째아들 제안대군이 그곳에 살았는데 여색을 무서워해 절대 여자를 곁에 오지도 못하게 하는 기색증이라는 병에 걸려있었다. 임금은 궁녀들에게 어떤 방법으로든 제안대군의 기색증을 풀어주기만 하면 후궁으로 들일 것은 물론 큰 상을 내리겠다고 했다. 몇 사람의 궁녀가 한 이불 속으로 들어가는 데는 성공했으나 여자가 살이 몸에 닿기만 하면 제안대군은 펄펄 뛰며 도망을 갔다. 그렇게 제안대군은 여색을 피하며 홀로 수진궁에서 세상을 떠났고 수진궁은 그의 신주를 모시는 혼청이 되었다.

그 후 시집 장가 못 가고 죽은 공주 옹주와 대군 등 왕손들의
신위(神位)를 모두 수진궁에 두었다. 장가 못간 허튼 말명과 시집 못
간 손말명의 원한이 큰데 그중 궁중 귀신의 원한은 악명 높기로 정
평이 나 있어 수진궁 귀신들은 천하에 대항할 귀신이 없다고 전해
졌다. 그야말로 전설 같은 수진궁은 조선후기까지 귀신들의 집 사
우(祠宇)로 남았다가 언제 어떻게 사라졌는지도 모르게 멸실되었다.

프랑스 르와르 계곡 물 위에 세워진 슈농소궁은 디안느 드 푸

청운대로 넘어가는 나무다리

아티에가 앙리2세로부터 사랑의 정표로 받은 성이다. 왕이 죽자 슈
농소도 돌려주고 쓸쓸히 막사 같은 작은 방에서 홀로 세상을 떠난
세기의 여인 디안느, 화려한 사랑을 간직한 채 슈농소궁은 하얗게
물 위에 떠 있다.

　지금은 세계 사람들이 슈농소성(城)이라고 부른다. 중세 유럽의
슈농소성은 강물을 가로질러 물 위에 지었지만 조선의 한양성은 자
연을 거스르지 않고 산을 따라 물 흐르듯이 쌓았다. 그리하여 중세

산 위에 올라선 세종과 숙종 때 성

유럽의 성이 권위적이고 화려하다면 조선의 성은 자연의 순리를 따라 자연 속에 숨어있기 때문에 소소하고 정겹다.

지하 통로 같은 암문으로 나간다. 성채와 마주 서서 좌측 지나온 성을 바라본다. 바로 암문 옆에서 태조 때 옛성이 조금 더 가서 또 태조 때 성이 여장 아래까지 시대의 표상처럼 남아 있고 숙종 때 성은 그것을 보호하듯 둘러싸고 있다. 그 뒤로 성은 소나무 우거진 산 위를 향하여 하얗게 올라간다. 그리고 끝은 푸른 하늘 속으로 사라졌다. 우측으로는 태조 때 옛성이 서북으로 꺾어 돌아서는 곳에서 숙종 때 성이 다시 남서방으로 돌아가는 밖으로 족두리봉, 향로봉, 비봉, 보현봉, 도봉산으로 가는 산날들 안쪽 서울의 서북부가 한눈에 들어오고 바로 성밖에는 개나리 진달래 벚꽃이 온산을 뒤덮었다. 노랗고 붉게 하얗게 타오르는 꽃들의 환호 속에서 서서히 휘어지듯 돌아가는 반원의 중간쯤 숙종 후반기 네모 반듯하게 올라간 성벽에 막돌로 쌓은 태조 때 성채가 세월에 씻기고 닳아 말간 얼굴을 들고 오래된 액자 속 사진처럼 박혀 있다. 성안에 사는 목련이 이제 막 옹알이하는 애기처럼 하얀 주먹손을 들어 바둥바둥 넘겨다본다.

숙종 후반의 성돌들이 정방형으로 옥개석을 향해 거의 수직으로 올라갔는데 많은 부분 돌과 돌이 엇물리지 않고 일직선으로 쌓아 올라갔다. 그럼에도 불구하고 성은 오랜 세월 허물어지지 않고 그대로다. 저 기막힌 돌들의 내구력은 어디서 오는 것일까. 성채 속을 잔돌들로 빈틈없이 잘 채워서 아니면 석수쟁이의 뛰어난 축성 기술일까. 그 길을 노랑머리에 짙은 하늘색 사파리점퍼와 검은색 바지차림의 여자와 연인 같은 남자가 각이 선 노란색 배낭을 등에 메고 성은 쳐다보지도 않고 꽃피는 산 풍경에만 넋이 빠져 걸어간다.

숙종 때 성이 내안으로 서서히 휘어 돌아나와 서북방에서 남서방으로 머리를 돌려 돌아가는 길 끝의 성은 여장까지 옛 그대로 남아 세월의 검푸른 때를 입고 있어도 돌 틈 하나 벌어진 데 없이 정교하다. 하늘색 점퍼의 여자는 그제서야 가던 길을 멈추고 아름다운 성채를 손으로 쓰다듬으며 남자 친구에게 말을 건넨다.

굽이굽이 돌아가는 유연한 곡선, 우리 민족의 한과 슬픔 기쁨이 서려있는 가슴 같은 성을 따라 돌아간다.

숙종 후반의 축성에서는 보기 드물게 장방형 성돌 옆에 높이가 세 치(약 9센티미터) 정도 하단이 작은 돌을 얹고 장방형의 돌 상단 선에 맞추어 가다가 위로 세 치쯤 올라간 역ㄴ자 형상의 돌을 얹었다. 밑변의 길이가 옆돌보다 세 치 정도 작은 돌을 장방형의 돌과 역ㄴ자형이 만나는 한 가운데 선 위에 얹어놓았다. 그러니까 역ㄴ자형 좌측에서는 장방형돌이 우측에서는 정방형돌이 성돌 높이를 조정하면서 위에서는 두 개의 방형의 돌이 선 중앙에서 누르

지하통로 같은 암문

고 있는 것이다. 참으로 절묘한 맞춤법이다. 이런 묘법이 한국인의 가슴 같은 곡선을 만들었을 것이다.

성은 띄엄띄엄 옛 유구들을 무늬처럼 박아넣으며 파란 하늘 아래 깜빡 시절을 잊고 피어난 꽃들을 가슴에 안고 천천히 서북방을 향해 돌아간다. 그리고 거기에는 숙종 후반의 검은 돌 하나 가운데 흰 점 환하게 평생 시(詩)만 써온 노 시인의 시심 가득한 얼굴처럼 들어앉아 있다.

기원전 220년 진시황이 쌓은 만리장성은 명나라 때까지 계속되었고 세계에서 가장 장대한 시설물이다. 역사적 전략적으로 중요한 것은 물론 건축학적으로도 탁월한 유적으로 알려져 있다. 한양도성의 숙종 때 축성이 많은 부분 만리장성의 영향을 받은 것 같지만 만리장성에서는 한양성에 서려있는 한과 슬픔 같은 것은 발견하지 못했다. 일설에 의하면 세계7대 불가사의 중 하나인 만리장성이 완성되었던 것은 여자 때문이라고 한다. 당시 중국에는 여자들에게 전족(纏足)을 채울 만큼 여자가 귀했기 때문에 여자들이 도망가는 것을 막기 위한 남자들의 보호본능이 원동력이 되어 그런 불가사의한 역사(役事)가 가능했다는 것이다.

방어를 목적으로 내 여자를 지키기 위한 마음으로 쌓은 성은 물샐 틈 없는 견고성과 위용으로 남았을 것이다. 그런 만리장성과는 달리 한양도성은 원래 수도방위를 위해 세워진 성이지만 만초들의 눈물로 쌓은 성이였기에 자유롭고 오밀조밀하다. 그 속에 장난기 어린 돌 하나 큰 돌이 지나간 메지(줄눈) 옆에 끼어 있기도 하고 정방형과 장방형 돌 사이에는 어렸을 때 치고 놀던 딱지만한 돌이 박혀 있기도 했다.

서북방으로 돌아나온 성은 다시 남서방으로 슬그머니 돌아가는 조그마한 언덕에 모가 다 닳은 강돌 같은 태조 때 옛성이 새로 쌓은 숙종 연간의 성벽과 성벽 사이 한 칸의 여장만큼 남아 있다. 연홍색 재색 검정 맑은 흰색의 태조 때 돌들이 숙종 때 친구들을 만

한국인의 가슴같은 곡선을 만든 숙종 때 성

청운대 하늘 아래 만발한 백목련이 있는 숙종 때 옛성(여장까지 그대로 남아 있다.)

나러 왔다가 그들에게 둘러싸여 돌아가지 못한 것처럼 보인다. 숙
종 후반의 성은 북한산 백운대를 바라보며 청운대를 향해 숨어들
듯 돌아간다. 성안에는 하얗게 목련이 피어있고 노인 둘이서 빨간
베레모를 쓰고 스틱에 몸을 의지하며 휘청휘청 걸어간다.

　청운대(靑雲臺)로 넘어가는 나무다리다. 전망대에 서서 바라본
다. 성은 가끔 검은 돌을 티눈처럼 박아넣으며 소나무 숲 속으로 숨
어들어 간다. 서북으로는 인왕산 안산 그 너머너머까지 북한산이
백운대를 하늘 위에 하얗게 띄워놓고 이곳 청운대를 그윽히 내려다

보고 있다. 이처럼 선조들은 산 이름도 음양오행으로 벽수를 맞춰 지었다. 남쪽을 바라본다. 세종대로가 광화문 앞에서 남산을 향해 직소폭포처럼 흘러간다.

오후 2시 반이 넘었다. 청운대 낡은 벤치에 앉아 서린이 싸준 군고구마 토마토와 현미차로 정신없이 점심을 때우고 사방을 둘러본다. 곡장에서 말바위안내소로 내려가는 골짜기 언덕에는 촛대바위가 눈부시도록 하얀 백의(白衣)를 두르고 신선처럼 서 있고 이제 막 세상에 나온 듯 청운대 비석 밑에 앉아 땅의 기운을 받으려는지 부전나비가 날개를 펴 땅과 입맞춤을 한다. 어디선가 진박새가 휙 날아와 팥배나무 가지에 앉아 목을 쭉 빼밀고 진달래를 바라보는 것처럼 먼산을 팔고 청딱따구리는 팥배나무 몸을 타고 상가지를 향해 솟구치듯 수직으로 올라간다. 암놈을 불러들이는 숫놈의 몸짓이 마치 용맹스런 장수 같다.

청운대는 하늘 아래 저 혼자인 것처럼 산 위에서 마음 대로 가지를 뻗고 하늘이 모두 제 것인 양 제멋대로 꽃을 피우는 백목련과 자목련, 자유가 만개한 나무의 세상이다.

08. 아, 세월이 아깝다

청운대 진달래꽃 뚝뚝 지던 날, 성돌 지러 갔다 돌아오지 않는 사람을 기다리는 조선시대 여인네의 가슴처럼 시꺼멓게 탄 성은 야트막하게 옥개석을 머리에 이고 무릎걸음으로 간다. 얼마나 수심이 깊었으면 노란 리본 줄에 접근 금지라고 금줄을 쳐 놓았을까. 옛날 살기 힘들 때 산비탈에 일자집을 짓고 칸칸이 들창문을 낸 것 같은 총안을 옥개석 하나에 하나씩 내고 앙개방개한 소나무 가지에 닿을락말락 지나간다.

숙종 전반기 축성으로 복원한 성이 소나무 두 그루 순라길에 서 있는 곳에서 태조 때 옛성과 만나 하얗게 새옷으로 바꿔 입었다. 소나무 숲 속을 빠져나가 산 언덕을 향해 아이들 말타기 놀이 하듯 훌쩍훌쩍 등을 뛰어 넘어간다. 땅속에 숨어 있던 돌들이 세월에 파여 뼈를 들어내고 풀 한 포기 자라지 않는 산 위 길을 성은 석양을 등에 지고 늙은 농부처럼 끄덕끄덕 내려간다. 여장의 세로 메지가 연필동가리 하나 들어가도 될 만큼 틈이 벌어지기도 하고 기단돌 위에 작은 돌 한 귀퉁이가 주저앉기도 하며 힘겹게 간다. 늙은 소나무 한 그루 돌너덜에 뿌리를 박고 여장에 바싹 붙어 등 뒤 어린 자식 하나 데리고 성 너머 몸을 구부려 마지막 성을 쌓고 돌아간 사람의 간절한 눈길처럼 서 있다.

성은 가파른 언덕을 향하여 머리를 땅에 들이박으며 올라간다.

백악마루로 올라가는 여장

아, 세월이 아깝다. 얼마나 많은 세월을 포개어 쌓으며 성은 버티고 있었을까. 그렇게 끝이 없을 것처럼 올라가다가 산 위에 올라서 평형을 유지했다. 동북향을 바라보고 있던 늙은 소나무와 같은 해 태어났을 동갑내기 소나무 서북향으로 몸을 비틀어 성 아래로 휘휘 가지를 늘어뜨리고 작열하는 햇빛으로부터 성채를 가려주고 있다.

소나무 아래 진달래 흐드러진 꽃길을 뒤로하고 성은 바위엉서리 산 위로 옥개석을 머리에 이고 촘촘히 박히듯 올라간다. 순라길 옆에 탐방로의 계단이 절벽처럼 까마득하다. 허물어진 옛성을 다시 복원하여 상하 좌우의 돌 메지가 자를 대고 금을 그은 것처럼 정밀하다. 옛 순라길은 여장에 붙어서 자연석으로 울퉁불퉁 쌓아 올라가고 옆에 새로 만든 탐방길은 가운데 하얗게 색을 칠해 놓아 하늘에서 내려오고 올라가는 에스컬레이터처럼 보인다.

산 위에 올라섰다. 동남방의 서울이 환히 내려다보인다. 저 어디 한양 어느 객주집에서 세상을 떠난 화가 최북(崔北)의 자화상 애꾸눈이 떠오른다. 그는 자기 이름 북(北)자를 둘로 나눠 칠칠(七七)이라고 했다. 술을 밥보다 더 좋아해 하루 대여섯 되나 마셨다. 금강산 구룡연에 갔을 때 절경에 취해 한없이 술을 퍼마시고 울다가 웃다가 통곡하다가 천하에 명인 최북이 천하 명산에서 죽는다며 폭포수 아래로 뛰어내렸다. 그러나 죽지 않고 살아서 꽃과 새 괴석(怪石)과 고목(枯木)을 미친듯이 그리고 그림이 마음에 들게 잘 그렸는데

청운대

돈을 적게 내놓으면 그 자리에서 그림을 찢어버리고 그림이 마음에 들지 않는 졸작인데도 돈을 많이 주면 그 사람에게 돈을 던져주며 그림 값도 모르는 놈이라고 호통을 쳤다. 그런 그를 사람들은 천하에 없는 술꾼 환쟁이 미치광이라고 했다.

어떤 이름 높은 관리가 거만하게 그림을 그려달라 요구하다 들어주지 않으니까 위협을 하자 '남이 나를 버리는 게 아니라 내 눈이 나를 버리는구나'라며 자기 눈을 찔러 애꾸가 된 사람 최북, 세상이 싫어지면 거나하게 술에 취해 화동(花洞)을 지나 이곳 산골짜기까지 들어와 꽃과 새 마른 나무를 그리고 시(詩)를 쓰다가 따스한 여기 성벽에 기대 깊은 잠에 빠졌을 것 같은 칠칠이 최북을 생각하며 하늘을 본다. 하늘은 아무것도 없이 하얗다. 순백의 무한천공 아래 오직 성채만 존재하는 것 같다. 기단돌부터 옥개석까지 현대의 석조 기술로 다시 쌓은 성이 일촌간극의 오차도 없이 소름끼치도록 견고하다.

1·21사태 소나무 총탄의 흔적이 선명하다. 1968년 1월 21일 북한 124부대 김신조 등 31명이 청와대 습격을 목적으로 침투, 아군과 치열한 교전 중에 15발의 총탄을 맞은 탄흔이다. 소나무는 민족의 눈물 자국처럼 상처를 안고 쓰라린 아픔 때문이었는지 가지들을 이리 구불 저리 구불 꼬이고 휘어지고 늘어져 탐방객의 마음을 아프게 한다. 여기서 성은 남서방으로 약간 돌며 마음이 무거운지 백악을 향해 시태바리 소처럼 줄지어 올라간다.

속절없는 세월 앞에 성은 꺼멓게 쩔은 몸을 눕혀 윗돌을 받쳐 주고 앞돌을 밀어주며 제 살을 베어내 높이를 조정해 나간다. 위로 올라갈 수록 여장의 높이는 두 켜 옥개석 한 칸에 총안 하나를 내고 총력을 다해 올라가는 모습이 처연하도록 아름답다. 순라길이 돌계단으로 된 곳에서 옛 성돌 위에 하얗게 새 단장을 한 몸체를 내려놓고 우뚝 솟아 두 채의 집처럼 서 있다. ㄴ자형 기단돌 위에 ㄱ자형 돌을 올린 위에 총안을 덮는 덮개 돌을 에워 ㄱ자형 돌 뒤를 받쳐 힘을 실어주고 그 위에 집채 같은 성을 쌓은 완벽한 구조적 형태가 묵언정진하는 수도승 같다. 곱게 잔다듬해 쓰지 않고 바로 옆 옛성

1·21 사태 당시 총탄의 흔적

의 여장 내벽 앞에 그대로 놓아 둔 장방형의 돌 하나 이 시대 석조의 표상처럼 보인다.

성은 적송들이 줄지어 늘어선 백악마루 뒤편을 돌아 서북향으로 내려가고 나는 잠시 성을 떠나 백악마루로 올라간다. 정상이다. 500년 한양도심이 내사산(북악산 낙산 남산 인왕산) 안에 폭 싸여 있다. 한양은 삼각산을 진산(鎭山, 마을을 받쳐 지켜주는 산) 백악산을 주산으로 낙산청룡 인왕백호 면목(남산)안산의 유좌묘향(酉坐卯向, 남향) 즉 군주는 남쪽을 바라보고 정사를 펼쳐야 한다는 조선의 개국공신 정도전의 풍수론에 기반을 두고 세워진 도시다. 그러나 경복궁의 서북쪽 지금의 청운동과 자하문 부암동 부근 지역이 북악산과 인왕산 사이에서 급하게 꺼져내렸기 때문에 그곳을 통하여 겨울 북서계절풍이 한양 시내로 몰아치는 것을 막을 수가 없어 한양은 겨울에 몹시 추웠다.

성 밖의 성채는 군데군데 태조 때 성이 남아 있는 곳에 연계해 숙종 후반기 축성 방식으로 복원했다. 택리지(擇里志)에 이중환은 함경도 안변부(安邊府) 철령(鐵嶺)에서 나온 한 맥이 남쪽으로 오류백 리를 달리다가 양주에 와서는 자잘한 산으로 되고 다시 동쪽으로 비스듬히 돌아들면서 갑자기 솟아나 도봉산 만장봉이 되고 여기서 동남방을 향해 조금 끊어진 듯하다가 우뚝 솟아 삼각산 백운대를 만들었다. 그리고 남쪽으로 조금 내려가 만경대를 만들고 한 가지

는 서남쪽으로 가고 또 한 가지는 남쪽으로 백악산이 되었다. "형가
(刑家)는 하늘을 꿰뚫는 목성(木星, 산의 5성 중 하나로 곧고 모나지 않으며 곧
바로 솟은 산 모양)의 형국이며 궁성(宮城)의 주산(主山)이다"라고 썼다.

신라 때 도선(道詵)이 쓴 '유기(留記)'에 "왕씨(王氏)를 이어서 임
금이 될 사람은 이씨(李氏)이며 한양에 도읍한다"는 기록이 남아 있
어 고려는 백악산 남쪽에 오얏(李)을 심어 무성하게 자라면 가지를
잘라서 왕기(王氣)를 누르려 했지만 고려는 결국 새로 솟아나는 왕
기를 누르지 못하고 오얏이씨가 임금이 되어 패망하고 말았다. 당
시에 개경(개성)과 한양의 우월을 놓고 풍수지리가들의 의견이 분분

백악 정상 밑에 있는 용바위

했지만 결국 한양에 도읍을 정했다. 개경은 지기(地氣)가 쇠(衰)하는 땅이었다면 한양의 지기는 한참 성(盛)하는 땅이 아니었을까 생각해본다. 중국의 선양과 베이징이 그렇고 미국의 필라델피아와 워싱턴D.C.가 그렇다.

조선시대 한양은 지금 천만 명에 가까운 인구를 거느리고 대한민국의 수도 서울이란 이름으로 세계적인 대도시가 되었다. 십년이면 강산도 변한다는 말은 이미 옛말이 되었고 지금은 눈 깜짝할 사이에 세상이 변한다고 한다. 그렇게 김정호의 '대동여지도'에 사라진 군(郡) 현(縣)은 말할 것도 없이 얼마 전에 있었던 동네가 도시개발로 가뭇없이 사라지고 골짜기골짜기 옹기종기 모여 살던 마을들이 댐으로 수몰되어 깊은 물 속에 형해만 남았다.

백악 정상에서 사방을 둘러본다. 내사산 밖으로 관악산 대모산 용마산 불암산 수락산 도봉산이 북한산을 향해 라성(羅城)처럼 흘러간다. 참으로 조화로운 아름다움, 무어라 형언할 길 없다.

백악산 정상의 남쪽에서 보현봉을 똑같이 닮은 바위가 큰 눈을 끔벅이며 보현봉을 마주보고 있다. 어떻게 보면 봄이 되자 땅속에서 막 눈을 뜨고 올라오는 두꺼비의 형상 같기도 하고 망망대해에서 거친 파도를 헤치고 솟아오르는 밍크고래의 상반신처럼 보이기도 한다. 명산에는 꼭 명 바위가 있다는 말처럼 조물주가 만들어 놓은 명품이다.

보현봉을 닮은 바위. 보현봉을 마주보고 있다.

정상의 북쪽에서는 땅에서 천년 물에서 천년 하늘에서 천년을
살아야 용이 될 수 있다는 이무기가 막 허물을 벗고 용이 되려는 순
간 긴 꼬리를 요동치는 황룡(黃龍)의 형상을 하고 보현바위와 마주
하고 있다. 남산 낙산 인왕산 모두 한양도성이 산 정상을 타고 지나
갔는데 어찌하여 백악산만 정상을 비껴 뒤편 밑으로 쌓았는지 이제
알겠다. 옛 사람들은 백악의 정상에 상서롭고 현묘한 용바위가 백
악에 내려와 보현바위와 마주하고 있는 형국의 국면을 절대로 성이
갈라놓아서는 안 된다는 지극한 마음에 의해 성이 정상을 피해 뒤

로 갔을 것이다.

옛 사람들은 집을 지을 때 산에 기대어 지었고 길을 낼 때도 산을 따라 물을 따라 꼬불꼬불 삶의 터전을 산자락 안 물길 안에 만들었다. 그리하여 절대 자연을 거스르지 않고 자연에 기대 자연과 함께 살았다.

09. 백학의 군무

　태조는 처음 성을 쌓을 때 백악의 동쪽 날가지로부터 '천자문'
의 천(天)자로 시작 백악의 서쪽 날갯죽지에 이르러 97자의 구간을
매겨 조(弔)자로 끝나게 했다. 하계를 내려다본다. 창의문까지 성은
산혈을 따라 이리주춤 저리주춤 돌아가며 하얗게 서려있다. 마치
수백 수 천마리의 백학(白鶴)이 백악의 정상에서 군무(群舞)를 펼치
다가 일렬로 하강하는 학들의 고요한 착지같다.

　성은 정자나무처럼 품이 넓은 소나무 한 그루 성 밖에 세우고
백악마루를 서북간으로 돌아 인왕산을 바라보고 급경사길로 접어
든다. 백악의 좌측보다 우측이 직용(直聳)의 세가 강하다. 성은 직소
폭포처럼 암벽을 타고 쏟아질 듯 내려간다. 여기서 뒤돌아보니 성
밖의 성채가 보인다. 숙종 후반과 태종 때 성이 남아 있다. 먼 옛날

에 돌아가신 할아버지 할머니를 다시 보는 것처럼 반갑다.

여장만 다시 쌓아올린 성안길에는 옛 순라길이 없다. 순라길 계단 위에 나무계단을 깔아 탐방로를 만들어 놓았기 때문이다. 급경사의 계단에서 분명 아빠나 엄마와 함께 왔을 텐데 너댓 살 밖에 안 되어 보이는 남자 아이가 성벽이 신기한 듯 여장을 쓰다듬으며 위태롭게 내려간다. 그만한 또래 아이들은 성하고는 무관하게 엄마나 아빠 손을 잡고 내려가는데 이 아이는 어딘가 다르게 보인다. 몇 계단 뒤에 머리는 묶어 올리고 흰 셔츠에 회색 바지를 입은 젊은 여자가 아이 엄마 같은데 아이는 쳐다보지도 않고 무심하게 내려간다.

절벽처럼 아득한 성채를 돌아본다. 민속촌에서나 볼 수 있는 한복차림에 두루마기까지 제대로 갖춰 입은 한 초로가 계단을 내려오다 참으로 장쾌하다는 듯 두 팔을 벌리고 소리 한 대목 내지를 태세로 서 있다.

여장 위의 옥개석들이 학익진(鶴翼陣, 학이 양날개를 펴듯이 치는 진형)으로 대열을 정비하고 먼 여행을 떠나는 행렬 같다. 성이 서북향으로 꼬부라져 돌아가는 지점 젊은 남녀가 상체를 구부리고 나무로 만든 공중계단을 숨이 턱에 닿아 올라온다. 성은 여기서부터 여장의 일부를 복원하기 시작했다. 아직도 목도꾼이 생존해 있어 성돌 하나하나 목도로 메고 짊어지고 높은 난공사 구간에 옮겨 놓으니 복원공사가 가능했다.

북악을 향해 가파르게 올라가는 여장

　성 밖에는 부암동 일대가 숲 속에 숨어있고 성 안으로는 청운동을 지나 세종로동에서 좌로는 궁정동 효자동 창성동 통의동까지 우로는 팔판동 삼청동 소격동에 걸쳐있는 조선의 정궁 경복궁이 있다. "나라 안에 계속해서 천재지변이 일어나자 고려 왕비와 왕자 군신들과 왕사스님들을 대동하고 승가사에 올라 도읍 터를 고려의 15대임금 숙종은 남경(南京, 지금 서울)으로 도읍을 천도하기로 결심한다. 그해(1099년)9월 물색하라 명했다. 그 뒤 윤관(고려 숙종 때 장군) 등이 답사하고 삼각산 면악(面嶽) 남쪽의 산 형세와 물길이 옛 글에 부합되므로 백악산 아래 남향으로 궁궐을 지으면 좋을 것 같다"고 했다. 그로부터 3년 뒤 남경 궁궐의 본전 연흥전을 건축했다. 바로 그 자리가 경복궁 뒤뜰 지금 청와대가 자리잡고 있는 땅이다.

태조 3년 궁궐 터를 답사하고 돌아온 권중화 등이 "고려 숙종 때 조영한 궁궐 터는 너무 협소해 남쪽으로 조금 내어 북악을 주산으로 북북동에서 남남서 향으로 조영하면 좋을 듯하다"는 주청을 받아들여 그대로 지은 것이 지금까지 잘 보존되고 있는 경복궁이다. 경복궁 앞에는 흥례문(興禮門) 그리고 광화문이다. 경복궁 근정전에서 남서방으로 일직선상에 놓여있다. 광화문을 나오면 문루 양쪽에 해태상이 있다. 해태상은 대원군이 경복궁을 중건하고 관리들

경복궁 앞에 있는 해태상

의 올바른 정치를 위해 세웠다. 머리를 90도로 휙 돌려 세종로를 바라보고 있는 해태상을 보면 입 양쪽 끝에 이빨이 뻐드렁니처럼 입술 밖으로 송곳같이 나와 있고 이마가 숙붙어 툭 튀어나온 아래로 무엇을 집어삼킬 듯 무서운 눈이다. 해태를 옆에서 바라보면 안면이 다 보이는데 무시무시한 송곳니에도 불구하고 꼬리를 등에 올려붙이고 푹 퍼져 두리벙벙한 코에 입을 쫙 벌리고 이빨을 다 드러낸 채 히 웃고 있는 게 순하디순한 짐승의 해학적인 모습이다.

성은 암벽을 타고 내려간다. 탐방길은 암벽이 시작되는 지점에서 좌측으로 축대를 쌓아 성을 바라보며 비잉 돌아간다. 성 너머 북으로는 북한산 백운대가 하늘 위에 떠 있고 문수봉 비봉 향로봉으로 흘러가는 생룡(生龍)의 자태가 장관이다. 성은 암벽을 계단식으로 파낸 자리에 기단의 뿌리를 박고 아슬아슬하게 암벽을 내려간다. 정방형의 총안들이 성의 눈동자처럼 무시무시한 눈빛으로 성밖 숲 속의 나무들 사이를 샅샅이 들여다보고 있다.

암벽의 지형에 따라 타구(垜口, 여장과 여장 사이의 공간)의 전면에서 후면까지 옥개석을 3개를 쓰기도 하고 4개를 쓰기도 하면서 총안은 꼭 3구를 두었다. 그렇게 만들기 위해 옥개석이 4개인 여장에는 장방형의 돌을 많이 써 20개의 성돌로 완성했고 옥개석이 3개의 여장에는 정방형의 성돌을 많이 써 24개의 성돌로 세로메지가 거의 겹치는 부분이 많은가 하면 옥개석 4개를 쓴 여장에는 발걸음을 성큼

암벽을 타고 백악 쉼터로 올라가는 성채

성큼 띈 것 같은 축성이다.

　백악 쉼터다. 태조 때 옛성이 잘 보존되어 있다. 정상에서 여기까지 모두 여장을 근래에 복원한 것으로 보이는데 기계석(다이아몬드 톱으로 절단한 돌)의 표면이 그대로 남아있는 성돌들이 옛성과는 너무나 차이가 나 보기에 민망스럽다. 예산 때문이라지만 아무래도 이건 잘못된 복원이다. 암벽이 끝나는 데서 성과 다시 만났다. 겨우 8분의 시간을 돌아왔는데 오랜 세월이 흘러간 느낌이다. 급경사의 암벽길은 끝났지만 성은 아직도 험한 산길이다. 여장보다 15센티 정도 앞으로 나온 넓은 지대석 위에 아래쪽 타구의 첫 돌을 구배를 잡기 위해 직삼각형의 돌을 얹고 그 위에 타구를 만드는 돌을 놓았다. 타구의 면을 오늬형(화살대의 시위 방향 모양) 네 켜를 얹었는데 세로메지가 불안하게 겹치듯 내려가 있고 옆으로 총안을 지나 장대같은 장방형 돌을 가로질러 놓았다. 여장의 기본 축성인 90센티 두께로 5미터 정도의 길이에 사괴석(四塊石)을 쌓아야 한다는 옛 축성법을 그대로 따르지 않는다 해도 이것은 너무 잘못된 것 같다. 바닥에 시멘트 돌담을 쌓고 위에 성돌을 얹어 놓기도 했다.

성은 깎아지른 암벽을 다 내려왔지만 아직도 급경사의 길이다. 조선시대부터 굳건히 성을 지키고 있는 소나무밭 길을 하염없이 내려간다. 지대석도 없이 맨몸으로 아프게 내려가지만 멀리서 바라보는 성채는 주변의 산세와 어우러져 아름답게 보인다.

조금 완만한 길을 성은 서쪽으로 가다 다시 급경사길을 내려가 서북으로 머리를 돌린다. 휘어돌아가는 여장 너머 성밖으로는 태조때 성채가 보인다. 나무계단으로 된 탐방길이 여장의 타구 밑에까지 올라와 지대석은 물론 여장의 하체가 모두 가려져 있다. 탐방길의 나무 널판을 여장에서 10센티미터 정도 공간을 두고 제작했으면 탐방객들이 비록 내성이긴 하지만 성의 기단까지 다 보고 갈 수 있을 텐데 작업을 쉽게 또 비용을 절감하기 위해 성에 기대어 만들어 놓았으니 사람도 답답하고 성도 숨이 막혀 아프다. 탐방길을 외국산 수입목으로 만들었는데, 한양도성의 진정한 복원은 옛 순라길처

북악산의 옆구리를 돌아 내려가는 여장의 옥개석

럼 우리의 돌과 재료를 이용해 계단을 만들었어야 한다. 그랬으면
지금처럼 성이 나무계단길을 위해 있는 것처럼 보이지는 않았을 것
이다.

이 구간은 옛성이 남아 있는 곳이다. 어쩌다 옥개석 밑돌 한 둘
새로 갈아 끼운 것 말고 옛날 그대로 남아 화강석을 거친다듬이로
메지의 선도 성글성글 쌓은 것이 투박한 정겨움을 간직하고 있다.
옛날에 기둥이나 벽에 붙인 대리석 보수공사를 할 때 석질은 물론
대리석 무늬 하나라도 전에 붙어 있는 것과 거의 똑같은 것을 찾아
보수하는 것을 원칙으로 했다. 그것이 개인의 사적인 건물임에도

불구하고, 하물며 역사문화유적을 옆에 옛돌이 거친다듬으로 황백색 화강석인데 총안 옆에 새로 복원한 돌은 옅은 청색 기계석을 그대로 사용해 보수했다.

부암동 일대는 꽃천지, 성안에는 소나무밭 성밖에는 상수리나무 갈참나무 신갈나무 울밀하다. 한가운데를 옛모습 그대로 하얗게 하얗게 옥개석을 포개 쌓으며 흘러간다. 오직 성만이 존재하는 것 같은 독보적 장관이다. 성밖 성채는 태조 때 세종 때 성이 그대로 남아있고 가끔 숙종 때 성이 축성 시대별 전시장처럼 새새 끼어있어 더없이 아름답다. 가로등을 뒤로 성은 다시 급히 고개 숙여 내려가다 서북으로 방향을 틀어 돌아서서 서쪽으로 슬쩍 굽어지며 상수리 갈참 신갈나무 단지를 감돌아 북으로 간다. 그리고 성은 참나무 단지를 지나 서쪽으로 돌아간다. 그렇게 돌아가는 성채를 하염없이 바라보고 있으니 백두산 자작나무숲 속의 백야(白夜)가 떠오른다.

경복궁의 진산(鎭山) 북악은 높이 342미터에 이르며 화강암이 주를 이룬 돌산으로 산 높이를 따라 조성된 성곽 주위로 수목이 가꾸어져 있다. 특별히 소나무는 조선 개국 때부터 특별 보호대책을 세워 관리 되었다. 조선조 내내 잘 보존되어 온 소나무 숲은 일제강점기 이후 숲이 방치되면서 능선 주위에만 주로 살아남아 오늘에 이른다. 북악산은 근 40년간 인간의 간섭을 받지 않은 덕분에 식물들이 잘 보존된 천연의 공간이 되었다는 북악의 식생 안내판이 탐

태조와 숙종 때 성이 여장 한 칸씩 분명한 지점에 온몸에 이끼로 덮여 있다

방길 옆에 세워져 있다.

탐방로 옆에 조선시대부터 살았을 소나무가 있는 곳에서 여장이 급경사를 남서진으로 내려온다. 바깥 성채는 태조 때 옛성이 그대로 남아있고 서쪽으로 머리를 돌려 내려오는 곳에는 숙종 때 성채가 북서진 태조 때 성으로 이어진다. 성벽에 접근할 수 없도록 철조망으로 방어선을 쳐놓은 것이 보기에 흉물스럽다. 통일이 되어

거추장스러운 구조물들을 걷어치우고 나면 얼마나 자유로울까. 그
때 비로소 진정으로 우리들에게 돌아오는 한양성의 그날을 기다려
본다.

10. 도시 속의 선경

돌고래쉼터다. 7미터도 넘는 돌고래바위가 진달래를 입에 물고 백악을 향해 파도를 타듯 누워있다. 얼마나 오랜 세월을 기다렸는지 조금 벌어진 듯한 돌고래 아가미 안에서 물의 압력은 높은데 입구가 좁은 듯 끝간데 없이 끓어오르는 숨소리, 고래의 기막힌 숨소리가 들리는 것 같다. 그 아가미 속에 애기진달래나무가 살고 있다.

성 안의 탐방로와 돌고래바위 사이 스기나무 널빤지를 10여 평 바닥에 깔아 쉼터를 만들어 놓았다. 쉼터 한가운데 조선소나무 한 그루 3미터 정도 직립으로 올라가 제 몸뚱이를 한 바퀴 비틀어 다시 올라가며 휘어져 가지를 사방으로 뻗어 하늘을 가렸다. 그 품이 얼마나 넓은지 쉼터를 모두 그늘로 만들었다. 옆에 있는 오리나무는 소나무 큰 그늘에 가려선지 고목의 둥치만 남아 마지막 제 몸을

돌고래 쉼터

태워 운지버섯을 키우는데 나무 둥치 속 벌레를 찾아 딱따구리가
온몸을 쪼아 구멍을 파 놓았다. 오리나무의 살신성인, 저절로 두 손
을 모으게 만든다.

돌고래쉼터 아래 여장의 타구에는 흙도 없는 돌 틈에 뿌리를
박고 산딸나무가 산다. 성도 오래되면 풀도 키우고 나무도 키우며
단순히 돌이 아닌 생명이 있는 물체로 살아난다. 그래서 오래된 성
은 생동적이고 정적이다. 깎이고 파이고 갈라지며 헐어 자연이 되
어간다. 멀리서 성 밖을 바라본다. 세종 때 옛성이 고스란히 남아
남서방면으로 흘러가는 성채가 그야말로 고색이 창연하다. 수도경
비사가 주둔하고 있어 가까이에서 사진 촬영과 취재를 못하는 게

아쉽다.

성은 한 칸의 여장에 옥개석을 세 개씩 이고 있는데 맨 위의 옥개석이 다른 옥개석에 비해 1.5배 정도 길다. 따라서 그만큼 품이 크다. 그리하여 경사면의 옥개석들은 맨 밑의 옥개석이 있는 여장이 성을 받쳐주고 있는 게 아니라 상단의 길고 큰 옥개석 여장이 어머니 같은 품안에 자식들을 품고 있는 것처럼 보인다.

탐방길 옆에 오래된 부부소나무 가로등과 함께 성을 그윽히 내려다보고 있는데 성은 백사처럼 서에서 서북으로 그리고 다시 서쪽으로 돌아서 목련나무 군락지 속으로 들어간다. 목련꽃 만발한 4월에 가면 성과 목련이 하얗게 어우러져 꿈속을 걸어가는 것처럼 몽롱하다. 목련 군락지를 지나 옛성의 여장은 검게 그을은 몸으로 하늘 아래 거칠 것 없이 걸어가는 호쾌한 선비의 모습을 닮았다. 그 길을 흰 스커트에 하늘색 상의를 걸친 여인이 간다. 타이트한 치맛자락 무릎 아래까지 내려온 뒷모습이 일곱 폭 치맛자락을 돌려잡아 허리춤에 대고 살짝 종아리가 드러난 조선여인의 뒷모습처럼 아름답다.

북악을 다 내려와 넓은 벌이다. 성 안의 효자동과 옥인동 어간에는 광해군이 새로 떠오르는 왕기(王氣)를 누르려고 지은 자수궁이 있었다. 그곳은 늙고 병들어 쓸쓸한 궁녀들이 살았다. 궁녀들 중에 굴씨라는 여인이 있었는데 명나라 주황후의 궁녀로 많은 총애를 받

목련꽃 속으로 줄지어 내려가는 옥개석

다가 청나라 때는 청태종의 황실 궁녀로 명 받을 만큼 굴씨는 미모
가 뛰어난 절세미인이었다. 청나라에 인질로 잡혀간 소현세자와 봉
림대군 일행이 8년 간의 감금에서 풀려나 환국할 때 굴씨는 자청해
서 조선으로 왔다. 조국 명나라에 대한 애국심이 누구보다도 강했
던 굴씨는 청나라에 대한 북벌 의지가 강한 소현세자를 사모했던
것 같다. 그러나 소현세자는 환국한 지 얼마 안되어 원인도 모르게
급사하고 조정에서는 청나라 사신들이 돌아가는 길에 굴씨를 비롯
한 궁녀들을 모두 청나라로 돌려보내기로 했지만 굴씨는 조선에서

살기를 간절히 원했다. 하지만 그렇게 원하던 명나라는 다시 일어나지 못했고 그녀는 자수궁에서 70세에 한많은 세상을 떠났다. 굴씨의 묘를 찾아 벽제로 간다. 지금도 서해로 가는 큰길이 내려다보이는 벽제 대자리 언덕에서 굴씨는 죽어서도 눈 부릅뜨고 서북방을 지켜보고 있다.

이곳 성채는 많은 부분 조선 마지막 임금 순조 때 복원한 것으로 보인다. 순전히 정으로 다듬어 만든 옥개석들이 아직도 하얗게 빛을 발하며 서쪽으로 서북으로 휘어가다 다시 서쪽으로 산모랭이를 돌아간다. 상투머리에 흰 수건 하얀 홑바지 저고리 무릎 밑에 질끈 동여매고 밀양 춤꾼 하용부가 북채를 들고 딱딱 변죽을 울리며 짚신발을 북 앞으로 들어올려 돌아설 듯 말 듯 흐르는 율동 같다.

검황색으로 변한 붉은 화강석 옛성에 두 칸의 여장을 청회색빛 돌로 복원했다. 세로로 쌓은 벽돌담처럼 작은 돌들로 쌓았다. 바로 옆에 있는 옛성과 거의 같은 크기의 돌로 축성했다면 비록 돌 색깔이 다르다 해도 지금처럼 보기에 거북하지는 않았을 것이다. 성은 여기서 검게 그을은 몸으로 거북함도 끌어안고 세월에 들떠있는 옥개석 밑 알몸을 훤히 드러내 놓은 채 묘한 밤꽃냄새에 취해 서북방으로 돌아간다.

까마득히 먼 내리막길을 순조 때 쌓은 것으로 보이는 성채가 검황색으로 탄 얼굴로 차곡차곡 쌓이듯 내려간다. 성은 잠시 언덕에서 발길을 멈추고 좌우를 살핀다. 가는 길을 좌로 틀까 우로 틀까 생각하다 좌와 우는 정도가 아니라는 듯 곧장 발을 앞으로 내딛는다. 여기에 성안 순례길(지금은 탐방로) 옆에 하얀 자연석으로 자북정도(紫北正道)라고 새긴 비석이 서 있다. 1·21사태 후 세운 것인데 자하문 북쪽의 정의로운 길이라는 뜻이다. 청와대를 습격할 목적으로 숨어들어 온 북한군들을 최규식 경무관을 비롯한 우리 경찰들이 치열한 교전 끝에 일망타진했다. 최 경무관이 북한군의 총탄을 맞고도 결사항전하다 전사한 승전의 뜻을 기려 당시 박정희 대통령이

북악의 식생 표지판이 있는 곳으로 가는 급경사의 성채

친필로 써 세웠다.

자북정도 아래서부터 붉은 빛이 도는 화강석으로 복원했다. 옛 성과 만나 가끔 등에 검은 돌비늘을 박으며 하산하는 황룡의 모습이다. 옥개석 아래 총안 옆에 황룡의 붉은 비늘 같은 작은 성돌을 끼어 박아 놓은 옛 사람들의 사려깊은 축성이 넋을 잃게 만든다. 밑에는 근래 복원한 여장이다. 흰 바탕에 재색 홍색 황색을 띤 돌들로 쌓았다. 백제시대 공산성처럼 아름답다. 공산성이 색색의 돌들을 베개처럼 이어대 쌓은 장방형식 축성인데 반해 이곳 여장에는 베갯모 같은 돌들을 또박또박 얹어 쌓은 현대식 마름모꼴 형식의 축성이다. 그럼에도 이 성이 아름답게 보이는 것은 세 가지 색깔을 띤 돌들의 무늬를 잘 맞춰 정성으로 쌓았기 때문이다.

자북정도 박정희 친필

성 아래에는 종로구 부암동 산7번지 일대다. 선조와 광해시대 오성과 한음으로 이름을 날렸던 오성대감 백사(白沙) 이항복(李恒福)의 별서(별장)가 있던 계곡이다. 오랜 세월 이곳 주변 사람들의 구전을 통해 백사실계곡이라고 불렀다. 암벽에 백석동천(白石洞天)이라 새겨

있고 아래 별서터엔 사랑채로 가는 돌계단과 초석이 남아 있다. 바로 별서 앞을 흐르는 계곡에는 도롱뇽의 서식지로 지정되어 보호를 받는다. 서울 시내에서 유일하게 도롱뇽 개구리들이 살고 있는 청정지역이다. 도시 속의 선경 백사실 계곡은 절벽 위에 세운 삼각산 현통사까지 이어진다.

부암동에는 미술관들이 판화처럼 박혀 있고 언덕을 올라간 성은 서서히 남서방면을 향해 내려간다. 자연석을 생긴 모양대로 맞춰 척척 얹고 새새 끼운 것 같은 태조 때 옛성이 하얗게 옥개석을 이고 가는 모습이 고고한 학의 날갯짓처럼 보인다. 탐방길은 성벽

한량무를 추듯 내려가는 여장

을 따라 남쪽으로 돌아 창의문 안내소로 가고 성은 서쪽으로 가다
가 남쪽으로 머리를 돌려 창의문으로 간다.

백악을 줄달음으로 내려온 세종 때 옛성이 한량무를 추듯 이리
주춤 저리주춤 내려가다 깊은 숲 속에 들어 춤사위를 감추며 숙종
때 성으로 간다. 다시 세종 때 성이다. 숙종 때 성에는 담쟁이넝쿨
이 없는데 다시 시작되는 세종 때 성의 여장에는 담쟁이넝쿨로 덮
여 있다.

창의문(청운동 산1의 1번지)이다. 한양도성 4소문 중 하나로 자하
문 고개 위에 있다. 조선시대에는 양주와 평양으로 가는 길과 연결
되었다. 1396년 창건되어 1413년 이후부터 폐쇄되었다. 창의문이
정궁인 경복궁을 찍어누르는 형국이라는 풍수지리설에 의해 특수
목적 이외에는 문을 열지 않았다. 현재 있는 문루는 1741년(영조17
년)에 세운 것이다. 4소문 가운데 유일하게 현재까지 남아있는 귀중
한 유적이다.

누각 지붕의 네 귀에는 어처구니(생각 밖으로 엄청나게 큰 사람이나 물
체라는 뜻의 장식품)가 각 8마리씩 해학적으로 올라앉아 있는 모습이
선명하다. 남대문이나 동대문 숙정문에서는 볼 수 없는 표정이다.
누각이 높아서 육안으로는 희미하게 형체만 보일 뿐이지만 창의문
은 성을 따라 내려오는 자하문 얕은 지역에 자리잡고 있어 바로 앞
에서 어처구니들의 모습을 관찰할 수 있다.

창의문

　인조반정 때 이 창의문을 통해 반군들이 들어가 반정을 성공시키고 인조시대가 열렸다. 그러나 지금은 자하문고개로 넘어가는 큰 길을 만들기 위해 창의문 우측 인왕산쪽 산을 싹뚝 잘라내 콘크리트 절벽으로 뚝 끊어져 성은 인왕산을 바라보며 망두석처럼 서 있다. 창의문을 통해 성 밖으로 나간다. 석양빛에 물든 성채가 검황백황색으로 빛나며 창의문 좌측으로 돌아내려와 성문 성벽에 닿는 성채가 환상의 세계처럼 아름답다.

　효자동에서 세검정으로 넘어가는 길 건너 로마 교황청 대사관이 있다. 조선 중종 때 안동김씨 세도 정치의 정점에 올랐던 김번(金

璠)의 집터다. 이곳은 한양에서 풍수지리로 볼 때 가장 좋은 명당으로 알려져 있다. 이런 풍수의 복을 받아 김번의 증손자 김상용이 우의정, 그의 동생 김상현이 좌의정에 올랐다. 김상용의 후손 중에는 우의정 김이재를 비롯해 5판서 3부마가 탄생했다. 김상현의 후손으로는 김수흥 김수황이 영의정에 올랐고 김수황의 아들들 모두 조선시대 6창(六昌)으로 그 이름이 빛났던 김창집 김창협 김창흡 김창업 김창즙 김창립이다. 이 육창의 후손들이 조선시대 마지막 안동김씨 세도를 누리고 살았다.

11. 성벽은 석기시대 사람의 얼굴

　인왕산은 화강암 바위산으로 곳곳에 기암괴석이 산재해 있다. 치마바위 기차바위 선바위 범바위 부처바위 모자바위 등 동물이나 사물의 형상을 닮은 바위들이다. 낭만을 꿈꾼 독일 화가 에밀놀데(Emil Nolde)가 한국을 다녀가서 종이에 수채로 그린 '알프스 그림엽서'를 보면 알프스 산이라기보다는 한국의 인왕산 세 개의 바위봉우리에다 할아버지 할머니를 그린 것 같다. 겸제 정선의 '인왕제색도'를 가만히 들여다보고 있으면 그런 상상 속에 빠진다.

　성은 자하문고개 인왕산마루 절벽 위에 간신히 발을 붙이고 몇 칸 걸어가다 윤동주문학관 뒤편에서 또 인왕산 자락길로 끊어진다. 길 건너 인왕산자락 아까시나무숲 속을 지나 삼애교회 뒤로 사라진다. 삼애교회 십자가 첨탑이 인왕산 치마바위 한가운데를 찌르듯

하늘 높이 솟아 있다. 옛사람들처럼 자연과 함께하는 집이 아닌 주위 야트막한 집들을 누르고 혼자 하늘로 올라가려는 것 같다. 그래서 삼애교회 건물 속으로 숨어들어가는 것 같은 숙종 때 옛성이 너무도 작아 보인다. 건축물에 막혀 더는 성을 따라가지 못하고 창의문로3길 주택가를 돌아서 성을 찾아간다.

태조 때 옛성의 잔해 위에 1978년 서울시에서 여장을 복원할 때 체성도 다시 쌓은 것으로 보이는데 너무나 질서정연하다. 바로 옆에 숙종 후반에 쌓은 성은 똑같은 크기의 정방형돌로 축성했는데도 지형에 따라 변화를 부려 정말 멋지다.

급경사의 삼각지붕 위에 거실 창을 낸 이층집 앞에 올라섰다. 부암동 저 아래 전통 문화시설 무계원이 보인다. 인왕산 기린교 옆에 있던 안평대군의 무계정사를 이곳으로 옮긴 것이다. 안평대군은 세종의 셋째 아들 이용(李瑢)이다. 인사행정기관인 '황포정사'를 장악 조정의 실력자로 부상했다. 시 서 화는 물론 가야금에도 재주가 뛰어났다. 특히 글씨는 당대 최고의 명필로 조선 초기 그의 서체가 크게 유행했다. 그러나 계유정란(癸酉靖亂) 때 반역을 도모했다는 이유로 형인 세조로부터 사약을 받고 유배지 강화도에서 36세에 세상을 떠났다.

성은 아까시나무들로 가려져 있는데 여장만 다시 쌓았다. 시꺼멓게 절은 세종 때와 태조 때 옛성이 그대로 남아있다. 숨은 보석을

삼애교회 앞으로 가는 여장 위의 옥개석

보는 것처럼 가슴이 벅차오른다. 그러나 아까시나무숲 옆에 소나무들이 사는 성벽, 고급 주택들로 가로막혀 보석같은 옛성을 보지 못하고 한참 길을 따라 돌아서 간다. 다시 얼굴을 나타낸 성은 세종 때 옛성이 여기까지 이어져 있고 소나무 세 그루가 나란히 서 있는 곳에서 세종 때 축성으로 다시 쌓았다. 가끔 옛 유구를 끼워 쌓았는데 적재적소에 잘 배치해 놓은 조형미가 아름답다.

　거목의 소나무가 도성의 지킴이처럼 서 있는 곳에 숙종 후반의 옛성이 황갈색으로 물들어 무성한 담쟁이덩굴을 헤치며 올라간다. 60대로 보이는 아주머니가 자기집 대문 앞에서 성벽을 사진 찍고 메모하는 나에게 "언젠가 이곳 성에 대한 글을 읽은 적이 있는데 태조 때 성이라고 썼더군요. 우리집 앞의 성은 태조 때 성이 아니라 세종 때 성이니까 사실 대로 잘 쓰세요"한다. 가끔 두 시대의 성이 아주 비슷한 데가 있어 누군가 태조와 세종 때 성을 혼동한 것 같다.

마당에 농구대가 있는 집앞까지 세종 때 성이 이어지는데 세월에 절어 연지빛을 머금은 성채가 말할 수 없이 아름답다. 농구대를 지나 숙종 후반의 성채가 여장까지 한 군데도 보수한 곳 없이 옛성 그대로 남아있다. 성 안에는 군부대가 자리잡고 성 밖으로는 급경사의 언덕에 잡목들이 얼크러져 있어 사람의 손이 닿지 않았기 때문에 이처럼 잘 보전된 것 아닐까.

숙종 때 성에 이어 여장만 다시 복원한 태조 때 옛 성채가 성돌 하나 갈아끼운데 없이 원형 그대로 남아있다. 자연석인데도 불구하고 장방형의 돌과 정방형의 돌이 많아 언뜻 보면 세종 때 성으로 보일만큼 정형화된 성채는 가끔 사이사이 주먹만한 주황색 돌을 박아넣어 화려하다. 노린재나무들도 하얗게 꽃을 피워 그야말로 금상첨화다. 태조 때 성에 이어 유구들을 군데군데 끼워 다시 쌓은 숙종 때 성이 숨가쁘게 언덕을 올라간다. 검게 절은 유구들을 성채의 하단에 쓰고 여장에는 쓰지 않았으면 좋았을 텐데 시꺼먼 여장이 가분수 같다. 언덕을 올라간 성은 성벽에 붙어 지은 주택들로 길이 막혀 돌아서 다시 산을 한참 올라간다.

　마지막 언덕빼기 얼마나 힘이 들었는지 성은 벽돌 같은 잔돌로 체성을 쌓으며 숙종 때 옛성에 닿는다. 평지를 걸어가는 성은 완자 메지로 가지 않고 여장 아래서 상하 일자 메지로 간다. 이렇게 쌓은 숙종 때 성채는 이곳에서 처음으로 발견된다. 금방이라도 와르르 무너져 내릴 것 같은데 오랜 세월 끄떡없이 지탱하고 있다는 게 신

성 안으로 넘어가는 나무다리 위에서 바라본 성 밖 태조 때 옛 성체

기하다. 그리고 서슴없이 남서방면으로 휘어 돌아가고 있다. 돌아가는 정점 태조 때 옛성과 시간의 간극처럼 교묘히 만나 한몸이 되어 시꺼멓게 세월의 더께가 올랐다.

비록 여장 세 칸의 태조 때 옛성이지만 자연석을 가지고 어떻게 돌의 메지가 일정하게 맞춰 쌓았는지 감탄할 뿐이다. 하단의 거석들과 맑은 빛 순백의 돌들은 도대체 어디서 가져다 쌓았다는 말인가.

태조 때 성이 끝나고 숙종 때 옛성이 여장은 물론 위에 옥개석까지도 옛 그대로 남아 남서방에서 서북방으로 활대처럼 돌아가는 곳에 여장 두 칸을 복원했는데 단출한 신혼부부의 방처럼 정갈하고 아름답다. 그 아래 노부부가 남편은 앞만 보며 걸어가고 한 발 뒤에 처진 아내는 돌아서서 계곡을 하염없이 바라보고 있다. 저 아래 어디쯤 탕춘천이 흐르고 있을 것이다.

박돌몽(朴突夢)은 공인(貢人, 광해군시대 대동법이 실시되면서 민간인들이 계를 조직한 단체의 사람) 김씨 집안의 종으로 태어났다. 겨우 말을 배울 때부터 주인집 아들이 책을 읽는 것을 보고 들으며 모두 외웠다. 서당 선생이 총명한 돌몽을 불러들여 글을 가르쳤다. 그는 주인집의 고된 일을 하면서도 글을 배우고 암송했다. 김씨 집안 사람들은 종놈 주제에 무슨 글이냐고 숙덕거렸다.

어느 날 돌몽은 아내와 함께 탕춘천으로 빨래를 갔다. 냇가 바윗돌 구멍에 먹을 갈아 주변의 큰 바윗돌에 '소학'이나 '논어'에 나오는 글을 써 나갔다. 주위의 바위들이 온통 그의 붓글씨로 덮였다. 조판서의 아들이 그곳에 갔다가 글을 보고 '너의 주인은 사람이 아니로다. 경전을 배운 사람을 어떻게 종으로 쓸 수 있느냐며 종의 신분을 면케 해 주겠다고 했다. 그러나 돌몽은 노쇠한 주인에게 그렇게 할 수 없다며 말을 듣지 않았다. 탕춘천 바위 어디쯤 충직한 의리의 사나이 돌몽의 글씨를 누가

정으로 파서 한 문장 남아 있는지도 모른다.

신혼방 같은 여장이 있는 성채를 지나 태조 때 옛성이 조금 남아 있는 경계선 가까이에 이르러 숙종 때 옛성은 절정을 이룬다. 수직 일자형 메지로 흐르던 성이 ㄱ자ㄴ자 형식의 성돌들이 변화를 부리며 멋들어지게 올라간다. 그곳에 파손된 성돌 하나를 빼내고 새로 끼워넣었다. 돌의 석질은 물론 표면처리까지 완벽하게 옛성과 똑같이 하얗게 별처럼 빛난

인왕산 도시자연공원 앞의 암문

자하문을 건너뛰어 인왕산으로 가는 여장. 파란하늘 아래 북한산이 하늘에 닿아 있다.

다. 문화재청은 이런 부분의 자료를 잘 보존해 다음 복원사업에 전
범으로 삼아야 할 것이다.

여장 두 칸이 남아있는 태조 때 옛성이다. 자연석을 얼마나 정
밀하게 쌓았는지 좌우로 흐르는 메지의 선이 정형의 돌들처럼 잘
맞춰져 있다. 여기서부터 근래 여장만 다시 복원해 숙종 때 성으로
이어진다. 가파른 언덕을 올라가며 허물어지다만 세종 때 옛성이
조금 남아있는 앞에 새로 복원한 세종 때 성은 너무도 정확한 기계
석을 그대로 이어 쌓아 새것과 옛것의 갈등처럼 남았다. 신 구의 괴

리를 지나 숙종 때 성으로 이어지는데 메지마다 파랗게 풀들이 자라고 여장과 옥개석은 태조 때 유구들로 쌓았다. 태조 때 성을 숙종 때 복원하면서 여장 일부의 성돌을 그대로 사용한 것으로 보인다.

성 안으로는 소나무들이 울울창창하고 성 안으로 넘어가는 공중계단이 설치된 지점 아름다운 숙종 때 옛성이 태조 때와 세종 때 여장을 이고 수없이 ㄴ자형 성돌을 만들며 목이 메도록 숨가쁘게 올라간다. 메지에 붙어 사는 풀들도 제 색을 띠지 못하고 노랗게 변해가고 있다. 한양도성 인왕산 구간을 찾는 사람들이 오늘도 공중계단을 구슬땀을 흘리며 오르내린다.

치마바위 옆이다. 저 아래 수성동계곡 바로 아래 옥인제일교회 앞에서 왼쪽으로 언덕을 오르다 필운대9길로 들어가면 옛 송석원(松石園)이 있던 곳이다. 옥류천 위 소나무 우거진 바위 아래 초가집을 짓고 스스로 송석도인(松石道人)이라 호를 짓고 정조 때 시인 천수경(千壽慶)이 살았다. 그는 시(詩)를 짓는 문학동인들(장혼 차좌일 외 9명)의 모임을 옥계시사(玉溪詩社)라 했다.

그들은 밤낮을 가리지 않고 시를 써 시회(詩會)를 열었다. 해가 갈수록 시를 아는 사람들은 노소를 막론하고 송석원시사에 함께 하지 못하는 것을 수치로 여겼다. 천수경은 당대 최고의 화가 이인문(李寅文)과 단원 김홍도(金弘道)를 불러 이인문에게는 '송석원시사회도'(일명 옥계청유도)를 김홍도에게는 '송석원시사야연도'를 그리게 했

윤동주문학관을 지나 언덕으로 올라가는 여장

다. 이 두 그림은 화풍이 서로 다른 화가가 한 자리에 있는 풍경을
그들 화풍대로 묘사한 명작으로 남아 있다.

이인문의 '송석원시사회도'를 보면 자하문고개 인왕산 초입의
한양도성이 어렴풋이 보이는 듯 하다. 당시 옥류천 건너 통의동에
기거했던 추사 김정희가 예서체로 써 보낸 '송석원' 세 글자를 송석
원시사 동인들이 바위벽에 새겨 놓았는데 이 때를 중인들의 르네상
스라고 부른다.

공중계단 아래서 숙종 때 성이 서에서 남으로 꺾어 돌아가는데 태조 때 옛성이 하단에는 거석으로 위로 올라 갈수록 작은 돌로 쌓은 성벽은 석기시대 사람들의 얼굴을 보는 것 같다. 성 밑으로는 급경사의 산비탈이다. 비탈의 자연 바윗돌에 의지해 아슬아슬하게 올라가며 성채에 힘을 실어주기 위해 일자형 큰 돌을 눌러준 과학적이고 시각적인 아름다움은 차라리 눈물이라 말하고 싶다.

12. 우조 타는 무학도인

    단군이래 이 땅에 살았던 민초들의 조상 대대로 진한 소금보다 더 짠 눈물로 이어져 내려온 결정체다. 허물어진 유구들을 모아 다시 쌓았는데 수백 년을 이어져 내려온 석공들의 솜씨가 막돌 하나 하나에 그대로 배어 있다.

    성 안으로 넘어가는 공중계단이 설치된 곳 태조 때 성이 서쪽을 향해 가다 남으로 휘어돌아 유연한 곡선을 만들어 간다. 하단에는 거석으로 위로 올라갈 수록 작은 막돌들로 쌓은 거칠거칠한 성채가 민초들의 마음처럼 자잘한 막돌을 박아넣었는데 얼마나 정밀하게 쌓았는지 고운 베바닥처럼 줄이 서 있다.

    세종 때 옛성이다. 성돌 하나가 세 켜의 태조 때 성돌들을 가슴에 끌어안으며 하나가 되어 헐은 몸으로 풀과 작은 나무들을 키우는 데 자식을 키우는 어머니 가슴 같다. 성 밑에는 으아리 이꼬들배기 좀쑴바귀 강아지풀꽃 실새풀꽃 큰오이풀꽃 어머니 눈물처럼 피어있다.

성벽의 하단에는 건축용어에서 R의가다(알자의 머리처럼 휘어진 돌)의 거석을 대각선으로 놓고 틈이 생긴 부분을 삼각의 돌로 끼워넣으며 그 위에 정삼각의 큰돌을 얹어 갑자기 네모형태로 바뀌는 불균형을 덜었다. 성돌 하나를 얹는데도 상하 좌우 전체의 균형을 생각하고 배려한 옛 석공들의 아름다운 마음이 눈물겹다.

분명 성 밖으로 가는 길인데 줄을 치고 '등산로 없음'이란 푯말이 걸려있다. 그곳을 넘어간다. 길이 있다. 그런데 왜 길이 없다고 했을까. 조선시대 평안도 관찰사가 한양과 의주 간의 길을 닦아야 한다고 상소했을 때 숙종은 치도병가지대기(治道兵家之大忌) 즉 길을 닦는 것은 병법에서 기피하는 일이라며 길을 닦지 못하게 했다. 그래서 한양성 밖으로는 길을 내서는 안 된다는 것일까. 탐방객들의 출입이 금지되어 있어 풀과 나무들이 발디딜 틈 없이 절어있다. 가을바람에 풀들은 속절없이 쓰러져 누워있고 무인지경의 성은 말할 수 없이 고적하다. 어떤 나무는 여장 밑에까지 올라가 뿌리를 박고 산다. 세종 때 성이 여장까지 그대로 남아 있는데 허물어질 듯 옛 여장을 이고 간신히 가파른 언덕을 올라선다.

태조 때 성돌들이 세종 때 성 경계선에서 둥글넙적하면서 각이

진 자연석들이 줄줄이 이어지다 가끔 네모나 삼각의 돌로 끊어주기도 하며 색색의 돌들이 다시 세종 때 옛성과 맞닿는다. 태조와 세종이 서로 맞닿는 부분에서 돌의 크기와 생김새를 조절하여 전혀 거북함 없이 이어져간다. 세종 때 성은 많은 세월 속에서도 돌 틈 하나 벌어진 데 없이 정연하다. 그럼에도 불구하고 풀들은 돌 틈 메지마다 뿌리를 박고 제 집처럼 사는 자연으로 돌아가 있다.

세종 때 성이 여장 네 칸을 지나 숙종 후반의 성으로 이어진다. 앞에 여장 두 칸만 새로 복원한 것이고 다음부터는 여장까지 숙종 후반의 성채가 온전히 남아있다. 그 모습이 "날선 소매로 솟구쳐 우조(羽調)(높고 씩씩하고 맑은 곡조) 타는 무학도인" 김덕명의 학춤처럼 도

태조와 세종 때 성이 만나 조화를 이루고 있는 공중계단 앞의 성채

도하다. 그렇게 성은 표표히 성 아래 버선발 같은 유구 하나 눕혀두고 풀 하나 살지 못하게 하던 성은 이제야 몸에 이끼를 키우며 암벽 앞에 멈춰선다.

다시 태조 때 성이다. 정방형에 가까운 돌과 장방형의 자연석을 세종 때 성벽에 붙여 쌓아나가다 구불텅한 자연석을 질서없이 아무렇게나 얹어 쌓은 것처럼 보인다. 그러나 성벽의 전체를 가만히 들여다보면 크고 작은 돌들이 서로 어울려 제 자리에 꼭 맞게 들어가 있다는 것을 알 수 있다. 무질서 속에서 질서의 아름다움이란 표현이 딱 어울리는 성채다. 남산을 올라가는 태조 때 옛성처럼 여장까지 태조 때 방식으로 축성하지 않고 이곳의 여장은 모두 세종 때나 숙종 때 방식으로 쌓았다. 여장 부분이 허물어진 뒤에 복원하면서 그 시대의 축성법으로 쌓은 것인지 아니면 무너져 흩어진 자연석보다는 정형화된 돌들로 쌓는 것이 복원 작업이 빠르고 보기에도 좋다고 생각했는지 알 수 없다. 아무튼 체성과 여장이 서로 다른 이질감을 강하게 느끼게 되는 것은 어쩔 수가 없다.

사람의 힘으로는 엄두도 못내는 거석들이 성 밑바닥에 깔려있는 태조 때 성과 이어지는 것은 숙종 때 성이다. 허물어진 성 위에 장방형의 세종 때 성이 올라가 있고 옆으로는 넓은 판재 같은 숙종 때 성돌로 쌓은 성벽이다. 좁은 공간에 3대에 걸쳐 쌓은 성이 전시장처럼 모여있다.

성 밖으로는 홍제동에서 서대문 밖 독립문으로 넘어가는 무악 고갯길이 하얗게 실뱀처럼 흘러간다. 그 길 오른편에 모악산(母岳山)이 있다. 태조가 조선을 건국할 때 무학은 계룡산 천도를 주청했고 경기도 관찰사 하륜은 모악산을 주산으로 연희동 신촌 일대에 도읍을 정하려 했다고 알려진 산이다. 혁신파와 보수파 정승들의 풍수 논쟁이 팽배해 갈피를 못잡게 되자 태조는 모악산에 행차 판국이

범바위 앞으로 휘어돌아가는 여장

협소하여 모악 천도는 부적합하다고 결론을 내리고 지금의 북악산 아래 궁전을 짓고 한양도성을 축조하기로 마음을 정했다.

이 산에는 어머니가 애기를 업고 있는 형상을 한 바위가 있다. 일명 부아암(負兒岩)이라 하는데 선조 때 학자 이수광은 모악산에 대해 어머니가 애기를 업고 집을 나가는 형상이라 모악산이라 했으며 그 산 남쪽에 있는 고개를 어머니가 애기를 업고 밖으로 나가지 못하게 벌아령(伐兒嶺), 그리고 모악산 서쪽에 있는 고개를 병시재(餠市峴)라 했는데 밖으로 나가려는 아이를 떡을 주어 나가지 못하게 달래는 것이라 했다. 이 고개는 호랑이도 자주 출몰하는 험한 고개라서 일반인보다는 경기도 고양의 나무장수들이 주로 넘어 다니는 험난한 길이었다. 지금도 모악산 고갯길 정상에서 서대문 밖 독립문으로 내려가는 길에는 호랑이가 입을 딱 벌리고 하늘을 향해 포효하는 것 같은 무시무시한 바위가 있어 가파르고 험해 인적이 드문 곳이다.

깊은 산지라 그런지 세종 때 성인데 자잘한 정방형과 장방형의 돌로 쌓았다. 성돌은 물론 성벽 틈에 끼워넣은 잔돌까지도 세종 때 성이 원형 그대로 남아있다. 일자로 촘촘히 이어져 가는 성돌들의 행렬 바둑판 같다. 성벽 아래 성근 메지에는 좀작살나무가 살고 쇠무릎풀까지 따라와 산다. 그러나 성벽 위에는 풀 한 포기 흠결 하나 없다.

부아암

　숙종 때 성이 여장 반 칸 뒤를 이어 태조 때 성이 여장 반 칸 그리고 세종 때 성이다. 여장은 모두 다시 복원했다. 복원한 여장들이 근래의 기계석으로 보여 고태가 오른 옛성과 너무나 이질적이어서 고대와 현대가 맞닿는 부분이 먼나라의 경계선처럼 느껴진다. 성 아래는 돼지나물꽃 샛노랗게 피어있고 돌담쟁이가 성벽 중간까지 타고 올라간다. 성 밑 바닥에는 대새풀꽃 무리지어 피었고 성 안에는 적송들이 팔을 벌리듯 성을 따라 가지를 뻗고 솔잎들은 모두 하늘을 향해 모아 서 있다. 인왕산 정상이 바로 뒤에 있어 아침부터 한낮까지만 해가 비치기 때문에 조금이라도 햇볕을 더 받기 위해 생긴 현상으로 보인다.

　성채는 물론 여장과 옥개석까지 숙종 때 성이 옛 그대로 남아 암벽을 향해 층층히 올라가는데 세로 메지가 거의 일직선으로 성벽이 축조되어 있다. 그럼에도 아직까지 성돌 하나 어긋나지 않고 보존되었다. 한양성 전체 구간의 성채가 사람의 손이 닿지 않았다면 한양도성은 모두 여기처럼 보존되었을지도 모른다. 돈 많은 부자들이 경치 좋은 성벽에 기대 집을 짓고 살고 있는 현실이 안타깝다. 문화재관리국도 사유화된 땅을 어쩔 수 없어 그대로 두고 있는 것 같고 성은 그렇게 고급주택들로 가로막혀 더는 갈 수도 볼 수도 없다.

범바위를 향해 올라가는 태조 때 옛 성과 여장

암벽 오르막이다. 쇠파이프로 만든 사다리를 타고 암벽 위에 올라섰다. 저 아래 옥인동 통인동 일대가 훤히 내려다보인다. 지금 통인시장 바로 뒤편 어귀에 옛날부터 민초들의 입을 통해 전설처럼 전해내려오는 석함집이 있었다. 여기에 엄청난 보물을 가진 공주가 살았는데 슬하에 자손이 없어 말년에 보물들을 석함(石函) 속에 넣어 땅속에 묻어두었다는 것이다. 소문은 꼬리를 물고 전해지면서 일대를 석함집이라 부르게 되고 석함을 찾으려는 사람들이 몰려들어 요즘으로 말하면 부동산투기로 집값이 다락처럼 올라갔다고 한다.

광해군 시대 이곳에 인경궁을 짓고 인조 때까지 인경궁이 남아 있었다는 기록으로 보아 보물을 가지고 있는 공주가 살았다는 것을 뒷받침해 준다. 그후 이 터에는 과거에 급제하고도 출사하지 않고 평생 일사(逸士, 세상에 나타나지 않고 숨어 사는 사람)로만 지냈던 영조 때 사람 김학성(金鶴聲)이 살았는데 그의 어머니는 일찍이 남편을 잃고 어린 두 아들을 삯바느질로 품을 팔아 키웠다.

어느 비오는 날이었다. 마루에 앉아 바느질을 하고 있는데 처마에서 떨어지는 빗소리가 속이 비어있는 공명(共鳴)처럼 들렸다. 이상하게 생각되어 땅을 팠더니 석함이 묻혀 있었고 석함 속에는 금은보화가 가득 담겨 있었다. 김학성의 어머니는 퍼뜩 머리에 떠오르는 게 있어 다시 그대로 꼭꼭 묻었다. 하지만 아무리 생각해도 자식들이 알까 불안해 그 집을 버리고 다른 집으로 옮겼다.

김학성의 어머니는 그 뒤 두 형제를 장원급제까지 하는 인물로 키워내었고 세상을 떠날 때 두 아들을 불러놓고 석함집 이야기를 들려주었다.

"아무것도 없이 살다가 갑자기 큰 재물이 생기면 반드시 재앙이 따르는 법이다. 사람이 세상에 태어나서 궁한 것을 알아야 재물

태조와 숙종 후반의 체성 그대로 남아 있는 곳

이 오는 것이 얼마나 어려운 것인가를 안다. 너희들이 일찍부터 먹고 사는 것이 편안하면 공부에 힘을 쓰지 않았을 것이니 내가 집을 옮겨 물욕으로부터 벗어날 수 있었다. 이 집에 저축된 적은 재물은 순전히 나의 열 손가락으로 만든 소중한 것이다." 그리고 두 아들에게 석함집이 있는 곳을 말하지 않고 눈을 감았다. 그리하여 김학성 형제는 어머니 유언대로 죽을 때까지 석함집을 찾지 않았다.

13. 온몸에 풀들을 키우며

　　인왕산 동쪽 자락 끝에서 성을 올려다보면 태조 때 옛성이 여장을 하얗게 이고 가파른 산 언덕을 올라서서 뚝 끊어지며 하늘에 붕 떠 있는 것처럼 보인다. 좌측의 인왕산 범바위가 있는 산날등과 똑같은 위도상에서 각을 세우고 남서방으로 돌아가기 때문이다.

　　숙종 후반의 성채가 암벽을 올라서 조금 느슨한 걸음으로 온몸에 풀들을 키우며 태조 때 옛성과 만난다. 노란 나뭇잎들이 우루루 몰려와 검게 탄 옛성을 환하게 밝혀준다. 태조 때 옛성은 순전히 자연석이면서도 방형의 돌들이 켜켜이 줄지어가다가 커다란 성돌들을 만나 장애물을 피해가듯 이리저리 구불텅거리며 돌아서 간다. 그러면서도 불편한 기색 없이 모두 제 자리에 콕콕 박혀 있다. 여장은 얼마 전에 다시 쌓은 것처럼 눈부시게 하얗다.

경기도 포천돌의 색깔을 띤 막돌들이 검푸른 잿빛 연홍빛 황갈빛 흰빛으로 빛난다. 장방형 큰 돌이 서로 만나는 부분 삼각의 공간에는 역삼각형 작은 돌을 기가막히게 끼워 넣는가하면 큰 돌들이 대각선으로 올라가며 만들어 놓은 역삼각형의 공간에는 잔돌 다섯 개를 바를 정(正)자 형식으로 멋지게 끼워 넣었다.

비정형의 성을 지나 정형에 가까운 자연석들이 면이 고운 얼굴에 어린아이가 동그라미를 그려놓은 것처럼 무늬를 만들기도 하며 경남 고성의 '춤을 일구는 농사꾼' 이윤석의 덧뵈기춤같이 발을 떼어 놓는다. 그때다. 성벽 중간에 거석 3개가 첫돌 등허리에 절반 몸을 걸치고 마지막 돌이 이마를 맞대고 내려오는 안쪽 공간에 왼쪽 날개는 청빛, 오른쪽 날개는 흰빛을 띤 말잠자리가 하늘을 향해 날아오르는 형상을 하고 있다. 아무리 봐도 우연의 일치가 아닌 어느 석공의 의도적인 작품 같다. 태조 때 옛성 구간을 자세히 들여다보면 이런 기묘한 형상들이 가끔 눈에 띤다.

어지럽다. 장방형에 가까운 돌들이 가지가지 형상을 만들며 가다가 아무렇게나 생긴 작은 막돌들을 담장을 쌓듯 막 주어다 쌓았다. 다른 곳은 모두 큰 돌과 작은 돌들을 섞어 쌓았는데 어째서 이곳은 이렇게 잔돌들로만 쌓았을까. 그런데도 어떻게 저 무거운 여장을 이고 많은 세월을 버텨내고 있을까. 석공은 이래서는 안 되겠다 싶었는지 성벽 중간쯤 정삼각형의 머리를 떼어낸 성돌을 세우고 그 옆에 직삼각형의 돌을 눕혀놓으며 성은 장방형에 가까운 자연석들로 제 길을 찾아간다.

성벽에서 조금 떨어져서 보면 판재(板材)같은 커다란 네모의 돌들이 한자의 지킬위 □자처럼 하나의 방(房)을 만들고 두 줄 세 줄 단면으로 쌓은 돌들이 거침없이 지나간다. 그저 손대중 눈대중으로 쌓은 것이다. 그냥 일자로 쭉 지나가는가 했는데 위에서 두 번째 위 □자 돌에서 줄부채처럼 90도로 펴들고 장방형 큰 돌 위에 척 앉는다. 손대중 눈대중을 넘어 영험하기까지 하다.

한양 주변의 모든 돌들이 다 모인 것처럼 다양한 색깔을 가진

오래된 소나무가 있는 태조 때 옛성체

돌들의 집합이다. 크로아티아 흐바르요새는 체성은 물론 여장까지도 수평으로 성돌을 쌓으며 옥개석이 산의 높이를 따라 대각선으로 올라가는데 한양성의 체성과 여장은 수평으로 쌓은 것 같으면서도 묘하게 산의 경사면을 자연스럽게 따라가고 있다.

흐바르요새의 성이 정형과 비정형의 돌들이 서로 만나는 틈서리가 성글어 엉성한 공간을 메지로 메꾼 반면 한양성은 크고 작은 돌들이 만나는 부분에서 거기에 꼭 맞는 돌을 찾아 축성했다. 그리하여 돌과 돌 사이의 간격이 조밀하여 짜임새 있는 아름다움을 가지고 있다. 이것은 우리 한민족 만이 가지고 있는 독특한 손재주에서 비롯된 것으로 보인다.

한양성은 여장 하나에 가운데 원총안(遠銃眼)과 좌우에 근총안(近銃眼)이 하나씩 있는데 흐바르요새의 성에는 여장과 여장 사이의 공간이 여장의 삼분의 이 정도로 넓고 총안이 여장 하나 걸러 하나에만 있다.

중국의 만리장성에는 여장과 여장 사이에 타구(垛口)만 있고 총안은 내성의 바닥에 있다. 그렇다면 우리 한양도성이 만리장성이나 흐바르요새를 모체로 해 쌓은 것이 아닌 우리 스스로 개발한 가장 이상적인 축성법이 아닌가 생각된다.

태조 때 옛성이 줄도 맞추지 않고 제 멋대로 간다. 하단이나 상단이나 거의 같은 크기의 돌들이 비스듬히 누워 산을 따라 서북방

여장과 옥개석이 풍화되는 지역

으로 휘어 올라간다. 허물어져 없어진 여장을 다시 쌓으며 성채의 상단 일부를 보수했는데 화강석을 방형으로 잘게 잘라 썼다. 주위에 자연석을 찾아 쓰기가 힘들어서였을 것으로 생각되지만 우리 눈앞에 나타난 신(新) 구(舊)의 성채는 너무나 다른 모습이어서 보기에 거슬린다.

휘어돌아가는 곡부(曲部)의 잔돌 지대를 지나 성은 하단에 거석들이 자리를 잡고 성벽 중간 상위까지도 기다란 장방형의 돌을 놓고 사이사이 납작한 작은 돌들이 두 줄 또는 세 줄로 이어져간다. 정상에 거의 다가설 때 바닥의 암벽에 커다란 직사각의 성돌을 내려놓고 사각의 돌로 바꾸며 북서방면에서 남서방면으로 머리를 돌린다. 그리고 돌아서서 성벽 하단에서 상단까지 직사각의 큰 돌들로 기세등등하다.

여기서 힘을 얻어 성은 직립으로 서기도 하고 벌떡 몸을 뒤로 재끼기도 하며 '진주라 천리' 김수악의 '교방굿거리춤'처럼 간다. 기원전 207년 중국의 홍문지회(洪門之會, 초나라의 항우와 한나라의 유방이 벌인 잔치)에서 추었던 '검무'가 무법을 중심으로 전승된 법무인 반면 우리 '교방굿거리춤'은 춤꾼의 몸속에서 우러나오는 자유자재한 허튼춤이다. 그리하여 '제 멋에 겨워 추는 춤'이다. 그렇게 성은 제멋에 겨워 간다. 얼마나 긴 세월이었을까. 거석들의 틈서리 다람쥐가 얼굴을 내밀고 수상하다는 듯 또록또록 눈알을 굴린다.

정상에서 성 안으로 넘어가는 공중계단이다. 계단 바로 옆 성벽에는 오랜 세월의 때가 시커멓게 올라있고 돌담쟁이덩굴이 여장을 타고 성안으로 넘어가 있다. 정상을 지키는 관리소가 여장 위에서 공중에 떠 있다. 여기서부터 성 밖은 사람의 접근을 허락하지 않는 아득한 절벽이다. 범바위가 있는 인왕산 최정상까지 성은 절벽 위를 평행으로 간다. 성밖의 성채는 어떤 돌로 어떻게 쌓았는지 전혀 알 수가 없고 다시 복원한 여장만 하얗게 빛나고 있다. 독립문으로 넘어가는 골짜기 아래서 정상의 관리소부터 여장 네 칸 정도의 성벽만 조망이 가능하다.

사흘 뒤 다시 갔다. 자하문 고개 창의문 건너편에서 성안 탐방길을 따라 간다. 여장이 세 켜로 야트막하게 출발해 네 켜로 간다. 그리고 탐방길 한 가운데 조선소나무 한 그루 높이 솟아있는 곳에서 머리를 낮추고 조아리는 듯하다가 불끈 머리를 들고 계단길을 올라간다. 지대석과 그 위의 성돌에 연한 홍띠무늬가 무지개처럼 지나가는 곳

인왕산 거대한 바위 앞에 멈춰서는 여장

이다. 어느 시대에 복원했는지 알 수 없는데 짜임새가 정밀하고 아름답다.

성은 인왕산길로 뚝 끊어지고 길 건너 윤동주 시인의 언덕이다. 괴목처럼 구부러진 소나무 앞에 '서시'의 시비가 서 있다. 성은 군부대가 주둔하고 있어 따라갈 수가 없고 철문 너머로 시꺼멓게 그을은 옛성이 보인다. 성밖에 치마바위가 환히 얼굴을 내미는 곳에서 성은 남서방면으로 가다 북서방면으로 머리를 돌려 가파르게 올라간다. 탐방길을 만들기 위해 축대를 쌓고 계단길을 만들어 여장은 두 켜 세 켜만 남아있다. 성 보다는 탐방길을 위해 있는 것처럼 보인다. 옛성의 여장 일부 옥개석이 풍화되어 바스러지기도 하고 성돌 귀퉁이가 깨져나간 것도 있다. 어느 탐방객이 땀을 닦고 떨어뜨린 것인지 남색손수건이 그 위에 얹혀있다.

대천바위다. 바위는 비록 땅바닥에 깔려 있지만 여기서 천하대천이 다 보인다하여 대천바위란 이름이 붙었다. 이름 그대로 서울은 물론 북악산 저 멀리까지 눈 아래에 있다. 성 밖에는 소나무 울창하고 옛 여장은 모진 세월에 어그러지고 침하된 채 삐딱하게 올라간다. 어쩌다가 하얗게 새 돌 하나 티눈처럼 몸에 박고 남서방을 향해 평평히 가다 급히 서북방으로 머리를 돌려 휘어돌아 다시 서방으로 굽이쳐 돌아간다. 젊은 남녀가 남자는 썬글라스에 청바지, 여자는 검은 레깅스에 각각 파란색과 핑크색 스트라이프 커플 티를

대천바위

입고 옆으로 나란히 팔짱을 끼고 내려온다.

경사가 몹시 급하다. 여장이 한 켜 또는 두 켜로 옥개석을 차곡
차곡 쌓듯이 올라간다. 탐방로 2차선이 1차선으로 줄어들면서 나무
계단을 올라 좁은 공간을 빠져나간다. 길은 성을 떠나 출입금지 경
고판이 붙어있는 검은 울타리가 쳐진 앞에서 수백 년 묵은 소나무
를 뒤로하고 직각으로 꺾어 급경사의 계단을 올라간다. 너럭바위가
밑으로 쏟아져 내리듯 줄줄이 파여 내려오는 바위 맨 위에서 반송
한 그루 뿌리를 바위 틈으로 껍질이 벗겨나간 채 흙을 찾아 바위 밑
으로 내려갔다. 그 끝에 잠시 숨을 고르고 가는 휴식처가 있다. 긴

서남방으로 하산하려는 성. 성은 여기서 끊어지고 대신 암벽이 성을 대신한다.

머리칼의 한 여자가 주위는 완전 무시하고 깊은 생각에 잠긴 채 정물처럼 미동도 하지 않는다. 모두가 애인이나 친구끼리 떠들썩하게 가고 오는데 그녀는 무슨 사연이라도 있는 것처럼 홀로 하염없이 앉아 있다.

사람들은 가쁜 숨을 몰아쉬며 옛 순라길 옆에 세워진 나무계단을 마지막 힘을 다해 올라간다. 타구 맨 아래에 검게 탄 옛돌 하나 얹혀있고 근래에 복원한 것으로 보이는 흰빛의 성이 연필로 금을 그어 놓은 것처럼 정밀함을 자랑하며 정상을 향해 간다. 그 아래서 중년의 여자 셋이 화려한 가을 낙엽처럼 알록달록한 아웃도어 차림

으로 걸어간다. 맨 앞의 여자는 스마트폰을 들여다보고 다음 여자
는 스틱을 짚고 여장을 바라보고 맨 뒤 여자는 머리를 수그리고 땅
만 보며 간다.

그들의 길 옆에서 조선시대부터 있었을 소나무가 뿌리를 얼기
설기 땅 위에 드러내놓고도 독야청청하다.

14. 현대의 명장들

인왕산 동쪽 마루터기에 올라서면 서남방으로 흐르는 백호의 등허리가 꼬리를 내 안으로 구부리고 생기발랄 멈춰섰다. 성 밖으로는 북한산 향로봉에서 백운대까지 병풍을 두른 듯 뻗어있고 독바위로 내려가는 바위산 하나 툭 던져놓았다. 그 앞에 전망대가 설치되었다. 수묵산수화의 극치다. 중년 남녀가 전망대에서 서울 서부 산수화에 푹 빠져있다.

성은 인왕산 서쪽 절애 위에서 여장이 두 켜 또는 세 켜의 높이로 간다. 천야만야한 절벽, 성을 쌓지 않고 그냥 두어도 사람의 접근이 불가능한 자연 요새다. 성은 단지 한양성을 지키는 보호시설에 불과하다. 1994년 서울시에서 이 구간을 모두 복원한 것이다. 전망대 바로 옆에는 관리 초소가 있다. 이곳의 여장은 관리 초소를 떠받치고 있는 교각 중간쯤의 높이에서 야트막하게 지나간다.

성은 정상을 바라보고 천천히 계단을 만들며 동남방으로 휘어
돌아 다시 남방으로 구부러져 정상 밑에 웅크리고 있는 바위 앞에
머리를 박는다. 그 옆에 피뢰침이 서 있다. 타구와 총안이 자로 금
을 그어놓은 것처럼 정밀하다. 담쟁이덩굴이 여장을 타고 옥개석
위까지 올라가 살고 있어 기계석의 단조로움을 덜어준다. 흙알갱이
하나 없는 바위 틈에 뿌리를 박고 사는 조선소나무들이 영겁의 세
월을 지나왔다며 고개 숙여 성을 바라보고 있다. 그리고 피뢰침이
박혀있는 바위를 훌쩍 뛰어넘어 정상으로 가는 암벽을 타고 올라

서북향을 바라보는 전망대

가다 절벽 앞에서 끊어진다. 더 이상은 성을 따라갈 수 없어 피뢰침이 있는 바위 옆 돌계단을 돌아 인왕산 정상에 올랐다. 동남방으로 배화여자대학 아래 사직공원이 보인다. 사직단 남쪽 둔덕에 도정궁터가 있었다. 조선제14대 임금 선조가 태어나 살았던 집이다.

슬하에 자식을 두지 못한 명종은 막내동생 덕흥군의 아들인 하성군(河城君)을 후계자로 가슴에 품고 있었다. 하나밖에 없는 순희세자가 13살에 세상을 떠났을 때 새로운 임금될 사람이 내 곁에 있으니 내 자식은 죽어 마땅하다고까지 할 만큼 하성군을 믿고 사랑했다. 바로 이 분이 선조 대왕이다. 선조가 태어나 자란 이 집은 덕흥대원군의 후손들이 대를 이어 살았다.

헌종 말년 도정궁에 다시 왕기가 서렸다. 헌종이 후사 없이 깊은 병에 걸려 위독해졌다. 순조의 비 순원왕후는 도정궁에 살고 있는 덕흥대원군의 증손 이하전을 다음 왕으로 마음에 두고 있었다. 그러나 조선조 말 최고의 세도를 자랑했던 안동 김씨들은 이하전을 역모로 몰아부쳐 사형에 처하고 강화도령 철종을 왕위에 올렸다. 철종이 세상을 떠나고 고종이 즉위하여 안동 김씨를 몰아내고 억울한 죽임을 당한 이하전을 생각해 그의 아들 이해창을 창산군으로 봉한 다음 도정궁에 살게 했다.

왕가의 애환이 서린 도정궁 터에는 다음과 같은 표지석이 세워져 있다. 도정궁은 조선 제14대 임금인 선조의 아버지며 중종의 9

인왕산 돼지코 바위

남인 덕흥대원군의 제사를 모시는 사당이다. 도정궁의 건물은 서울
시 민속자료 제9호로 지정되어 있다. 1979년 건국대학으로 이전되
어 지금은 경원당이라 부른다.

　인왕산 정상의 돼지코바위가 있는 뒤편에서부터 성은 서울시
에서 1994년 인왕산 구간을 복원할 때 다시 쌓았다. 하얗게 빛나는
성채가 남쪽을 향해 내려가다 서쪽으로 머리를 돌려 서북방으로 돌
아간다. 탐방길에 위험 표지판을 세워놓았다. 축대를 쌓아올린 성
안의 낭떠러지다. 옛성이 절벽 앞에 조금 남아있는 위에 여장을 다
시 쌓았다. 바위 벼랑에 하얗게 석별이 박힌 절벽에서 성은 끊어지
고 벼랑 아래서 다시 복원한 성채가 서남방으로 급경사를 내려간

뒤 급히 서북으로 머리를 돌린다. 여기서 뒤돌아보니 인왕산 서쪽 절벽의 기암괴석들 사이에 현대공법으로 석질도 백빛 화강석을 사용해 굵은 다듬이로 자연미를 살려 복원했다. 한 폭의 수채화 같다. 한양성의 모든 구간의 복원을 이렇게 아름다운 작품으로 만든 사람들에게 맡겼으면 얼마나 좋았을까.

성은 그렇게 험난한 바위 엉서리를 넘어 새하얀 화강석으로 몸단장을 하고 판판한 바위 바닥에서 북방으로 여장 한 칸 ㄱ자로 꺾여 남방으로 돌아간다. 꺾여 돌아가는 안에 성곽탐사에 나온 중년

인왕산 범바위 앞에서 멈춘 성채

남자 다섯 명이 리더인 듯한 연장자가 싸온 음식을 꺼내놓고 두 손 모아 기도를 하고 있다. 성은 그들을 위한 방처럼 안온하다. 그들이 있는 여장 세 칸 위에서 한 청년이 두꺼운 도수의 안경을 쓰고 옥개석 위에 올라앉아 신기한 듯 그들을 바라본다. 그 밑에서 한 소년은 팔을 뒤로 돌려 타구에 손을 얹고 먼 산에 눈길이 가 있다. 그때 또래의 소녀가 빨간 티에 남색 쫄바지 차림으로 동화 속에 나오는 '잠자는 숲 속의 미녀처럼' 걸어오고 있다. 콧날이 오뚝하고 갸름한 얼굴이 티 없이 맑다. 이 동화를 쓴 원작자 샤를르 페로는 프랑스 중북부 엥드르강 숲 사이로 난 언덕의 밀림 속에 있는 위세성에서 많은 영감을 받았다고 한다. 그렇게 성은 옥개석 8장으로 칸칸이 야트막한 계단을 만들며 아이들 앞을 지나간다. 마치 언덕 아래에서 층층이 올라와 잠자는 숲 속의 미녀가 동화 속에 살았던 위세성의 아름다운 지붕 선처럼 보인다.

　　잠시 평행을 유지하던 성은 안산을 옆에 두고 탐방길에 위험 표지판을 세워놓고 급하게 내려간다. 네다섯 켜의 여장으로 하산하는 여장이 신기술의 축성으로 일촌간극도 없다. 성을 따라가는 탐방로 또한 이곳 성을 축성하고 남은 돌로 계단을 만들었다.

　　탐방길은 성 옆에서 범바위 위에 철계단을 삼단으로 설치해놓았다. 범바위는 내성 안쪽 절벽을 성을 쌓듯이 돌들이 쌓여 올라와 정상에서 삼단으로 성처럼 돌틈도 앙바티게 자란 소나무 두 그루 사이를 건너간다. 성 아래 순라길 한 가운데 주황색 챙의 흰 모자를 쓴 여자가 다리를 꼬고 앉아 스마트폰 속에 빠져 주위는 아랑곳 없다. 그 여자를 스치듯 지나 순라길로 간다. 경사면의 여장이 얕아서인지 총안이 모두 정방형이다. 조선시대 쌓은 옛 축대 위에서 성은 쇠파이프를 박아 출입금지 줄을 쳐놓고 끊어진다. 다시 옛 축대 중간 지점에 붙어서 성은 까마득한 비탈길을 옥개석이 차곡차곡 쌓이듯이 내려간다. 여기서 앞을 내려다보면 하얗게 서북방으로 굽이쳐 동남방으로 휘어돌아 가는 유연한 선이 말할 수 없이 아름답다. 그 끝에서 꼬리를 서북방으로 휘저어 바윗돌을 척척 얹어놓은 것 같은 범바위 속으로 성은 꼬리를 감춘다.

뫼바위 앞에 여장

S자 형상으로 내려가는 성채

범바위를 넘어가면 절벽이다. 절벽 아래서 안산을 바라보고 가는 성채는 태조 때 옛성이다. 범바위 꼬리 부분이다. 로프가 매어져 있다. 로프를 잡고 내려가야 한다. 바위의 무덤인지 성은 남서방면으로 돌아가 오래된 뫼처럼 생긴 바위 앞에서 끊어진다. 그 바위 끝에서 성은 다시 태조 때 옛성으로 이어지는데 여장만 다시 복원했다.

성은 바위 절벽에서 시작해 소나무 숲 속을 쏟아지듯 내려간다. 21년 풍상의 세월이 비껴간 듯 아직도 맑은 얼굴 4단으로 여장 타구의 각이 시원하다. 그리고 S자 형상으로 굽이쳐 돌아간다. S자로 꼬부라져 돌아가는 첫 머리에서 외성이 보인다. 태조 때 옛성이 그대로 남아있다. 그 위에 옛성이 허물어져 내린 곳을 다시 채우고 여장을 새로 쌓았다.

인왕산 남쪽 봉우리를 향해 천천히 남서진으로 올라가다가 북서진으로 돌아서 간다. S자로 돌아가는 끝부분이다. 곡선이 활시위를 꽂고 당기는 활대처럼 휘어 돌아간다. 이 구간을 복원한 석공들은 제대로 볼 줄 아는 현대의 명장들임에 틀림이 없다. 타구와 타구 사이 정렬된 총안, 여장 위에 올라앉은 옥개석 어디 한 군데 흠결 하나 없이 완벽하다.

성은 암벽 위에 올라서 야트막하게 서북방으로 틀어 멈춰선다. 마지막 여장 바로 앞 옥개석 위에 바람을 가르듯 날렵한 파란 지붕의 범바위 초소가 있다. 그곳에 근무하는 의경으로부터 주변의 바위 이름을 받아 적는다. 의무경찰로 이곳에 근무하면서도 탐문해 바위 이름들을 숙지해 알려주고 나라를 지키는 젊은이들이 있어 고맙고 든든하다.

범바위 남쪽 끝자락 범바위에 대어 쌓은 외성의 성채가 보인다. 태조 때 유구들을 섞어 다시 쌓았다. 성은 범바위를 뛰어넘어 여장 두 칸 절벽 위에서 동쪽으로 걸어가다 남쪽으로 꺾어 여장 한 칸반 낭떠러지 앞에서 끊어진다. 그리고 다시 절벽을 뛰어내려 판판한 바위 위에 자리를 잡고 여장 한 칸 외로히 뫼바위 앞에 서 있다. 여기서 바라보는 범바위는 마치 코끼리가 성안에서 성을 넘어가려고 올라타 있는 형상 같다.

뫼바위를 내려와 성은 북쪽으로 뻗은 산날가지를 따라 휘어돌아가 곡장을 만든다. 앞에서 남쪽을 향해 직각으로 꺾여들어가 산봉우리를 따라 원형으로 돌아나온다. 한양성에 있는 모든 곡성(曲城)이 각이 진 치성(雉城)으로 되어 있는데 이곳의 곡장은 치성과 곡성이 함께 있는 형태의 성이다. 마치 홈통을 빠져나오듯 동쪽으로 휘어돌아 서서히 내려온다. 그리고 급경사를 만나 동쪽을 향해 내려가 북쪽으로 돌아 내려오는데 군마들의 행진처럼 질서정연하다. 그 안에는 군부대가 있어 철조망으로 가로막고 경계가 삼엄하다. 접근을 못하게 두루마리처럼 감아놓은 철망으로 여장을 둘러쳐 놓왔다.

높은 축대 위에서 성은 기계석으로 깔끔하게 복원되어 여장 세 켜 높이로 내려간다. 탐방길에 조선소나무들이 무리지어 서 있는 가파른 계단길을 내려가 공중계단을 타고 성 밖으로 넘어간다.

15. 황금빛으로 빛나는 채성

    독립문역 1번 출구에서 현대아이파크 옆길을 지나 인왕사 뒤편 계단을 올라가면 국사당(國師堂)이 있다. 국사당은 태조 4년 남산 산신 목멱대왕을 모시는 목멱신사를 세우고 국사당이라 했다. 일제 조선총독부는 남산에 조선신궁을 짓기 위해 국사당을 현재의 인왕산 자리로 옮겼다. 국사당 앞으로 계단을 올라가면 좌측 산허리에 선바위가 있다. 오늘도 선바위 무수히 파인 구멍 속에는 산비둘기들이 제집처럼 들어앉아 있다.

    선바위를 지나 가파른 골짜기를 한참 숨가쁘게 올라간다. 인왕산 남쪽 끝자락 암봉이 보인다. 암봉 동쪽 끝에 한양도성의 신기(神記)가 적혀있는 것 같은 비석바위가 아침 햇살에 주황빛으로 빛난다. 여기서부터 검노랑과 연붉은 막돌들로 축성했다. 비석바위 뒤를 돌아나온 곡장의 성채가 동북방으로 휘어 돌아가는 곡선이 무지 개처럼 아름답다. 철조망 안에는 사진촬영도 금지된 채 접근이 불가능하다. 도대체 철조망을 왜 쳐놓았을까. 철망을 치지 않아도 성 아래는 낭떠러지라 접근이 불가능하다. 그 아름다운 성채를 철조망이 망가트려 놓았다. 철조망 밑으로 기어 들어가 가까이에서 성채를 바라본다. 태조 때 옛성이 여장을 다시 해 이고 정방형에 가까운 자연석으로 축성된 채 남아 있다.

북악산을 바라보며 천천히 하산을 준비한다. 태조 때 옛성이 화강석 막돌들을 모난 귀만 날려 켜켜이 가공석처럼 쌓았다. 그 앞에 두꺼비처럼 생긴 바위가 입을 꼭 다물고 아래를 향해 앉아있고 비석바위처럼 두꺼비바위도 주황빛 나는 석질이다. 두꺼비바위에 걸

인왕산 부처바위

터앉아 각자성석에 각자를 새겼을 것으로 상상된다. 동쪽을 바라보고 가던 성이 동북방으로 머리를 돌리기 직전 여장 한 칸 태조 때 성채 위에 세종 때 축성법에 가깝게 복원했다. 정 장방형에 가까운 자연석들로 쌓은 태조 때 방식으로 복원한다는 게 정체불명의 축성이 된 것 같다.

태조 때 옛성이 고난의 흔적들을 온몸에 품고 댕댕이덩굴과 담쟁이덩굴을 키우고 있는 성채 앞에서 바라보면 달팽이바위와 부처바위가 나란히 붙어서 건너편 곡장 앞에 서 있는 비석바위를 우러러 보고 있다. 하늘이 만들어놓은 명품 바위들이다. 아무리 보아도 달팽이바위는 사자가 입을 딱 벌리고 있는 사자바위 같다. 부처바위 역시 머리를 숙이고 비석바위를 향해 기도하는 사람의 모습이지 부처의 모습은 아니다.

소나무 두 그루 여장 두 칸 간격으로 위 아래에서 성벽 위쪽으로 구부러져 몸뚱이를 비틀어 꼬아 올라갔다. 저 아래 부처바위 어간의 어디쯤 방 한 칸 들이고 살았음 좋겠다. 호고재(好古齋) 김낙서(金洛瑞)의 시구가 떠오른다.

"비바람 가리는데 삼간이면 넉넉하고/ 소나무 사이로 오솔길 하나가 통하네/ 후손들에게 말을 전하노니/ 여기 오면 이 집을 궁실 보듯 하여라"

장자(莊子)를 생각하게 하는 시다.

김낙서는 조선 정조 때 사람으로 젊었을 때 방탕하고 의협심이 강한 사람이었다. 어느 날 그가 동네를 한가로이 거닐고 있는데 한 노인이 나귀에서 내리더니 이곳에 김낙서란 분이 살고 있다는 데 누군지 아느냐고 물었다.

"제가 바로 그 사람인데 어떻게 찾아오셨습니까."

노인은 나지막하게 울먹이며 간절한 소원이 있어 찾아왔다고 말했다.

"내게 딸이 하나 있는데 일찍 과부가 되어 젊은 나이에 죽었습니다. 마지막 떠나면서 딸아이는 저 같은 미천한 사람들의 상여는 상두꾼들이 메는데 모두 추악하고 흉측한 자들이라 평생 몸을 깨끗하게 지키며 살아왔는데 어떻게 그런 사람들에게 들려나가느냐며 북촌에는 의기있는 남자들이 많다는데 그 사람들이 상여를 메고 가면 여한이 없겠다는 유언을 남겼습니다."

불가한 일인 줄 알지만 딸의 정상이 슬프고 가련해 찾아왔다며 머리를 숙인다. 김낙서는 서슴지 않고 그렇게 하겠다고 약속했다.

상여가 나가는 날 김낙서는 친구 수십 명을 데리고 노인의 집으로 갔다. 노인은 음식을 푸짐하게 차려놓고 기다리고 있었다. 그러나 김낙서는 모두 물리치고 술 열대여섯 병만 가져오라고 하여 편안하게 장례를 치러주었다.

성벽에 별이 박혀 있는 것처럼 보인다. 태조 때 옛성 중간부분 일부의 성벽이 풍화되어 성돌을 빼내고 해 박은 것이 하얗게 빛나며 별모양을 하고 있기 때문이다. 성벽에는 아까시나무가 붙어 살고 팔뚝만한 개가중나무도 풍된 성돌 사이를 비집고 들어가 살고 있다.

검누른 돌과 누런 돌들이 만들어 놓은 성벽은 오후의 햇살을 받고 금빛처럼 빛난다. 황금의 성이라고 이름을 붙여도 좋을 만큼 아름답다. 이런 성채가 여장 밑에 그대로 남아 있다니 한양도성의 보배다. 여장은 회백빛 화강암의 기계석이다. 그럼에도 불구하고 황금성채 위에서 하얗게 빛나는 여장이 체성을 보호하고 있는 것처

위험 표지판이 세워 있는 복원한 성채

럼 어울려있다. 하단에는 큰 돌로 위로 올라가며 작은 돌들이 가로
로 가다 세로로 세워지기도 하며 변화무쌍하다. 오랜 세월 이곳에
서 성을 지키고 있었을 조선소나무 성안 저 너머로 가지를 뻗고 그
늘을 만들어주고 있다.

　　태조 때 옛성이 하얀 여장 밑에서 수직으로 끊어지고 숙종 후
반의 체성(体城)이 메지를 수직으로 타일을 붙이듯이 올라갔다. 성
돌들이 유구인 것으로 보아 여장을 복원할 때 다시 쌓은 것 같다.
숙종 때 성채 끝에 성 안으로 넘어가는 공중 철계단이 놓여 있다.

인왕산 남쪽 소나무가 있는 곳을 내려가는 태조 때 체성. 외성이 아니라 내성이다.

여기서부터 태조 때 옛성이다. 하단에는 역시 거석을 놓은 아름다운 체성 위에 여장을 복원하면서 화강석을 자연석처럼 자잘하게 다듬어 쌓았다.

태조 때 쌓은 성이 기단돌에서부터 8켜 올라간 그 위에 잔돌로 8켜를 쌓아 만든 옛성의 체성이 그대로 남아 있다. 정방형과 장방형의 돌들이 만나는 부분 자연석이기 때문에 사이가 많이 벌어진 곳을 작은 돌로 맞춰 끼워놓듯 쌓은 체성이 그야말로 기가막히게 멋지다. 노란 황금빛으로 빛나는 체성에서는 서기가 감도는 것 같아 민초들의 눈물은 전혀 보이지 않는다. 그저 하나의 작품일 뿐 눈물을 감추고 있다.

삭은 돌을 빼내고 하얀 새돌을 박아넣으며 성은 동남방으로 내려간다. 바닥이 붉은빛 나는 반석이다. 태조 때 성은 그 위에서 수천수만 년을 가도 끄떡없을 것 같은 단단함으로 무장하고 기단에서 5켜 위에 상하로 1자와 6자를 새겨놓았다. 구간을 표시하는 암호인 것 같다.

바닥의 반석은 계속된다. 반석 기단에 1.5미터 정도 되는 장대석을 얹고 왼쪽에 대합처럼 생긴 돌을 얹었다. 장대석 오른쪽에는 고래 형상의 돌을 얹고 고래 등허리 한가운데 고래가 물을 뿜어올리는 것처럼 구멍을 내 놓았다. 고래가 사는 바다 속처럼 대합과 고래 밑에는 아주 작은 돌들이 수없이 끼어 있다. 하나의 예술 작품처럼 성을 쌓은 민초들의 마음과 정성이 보인다. 이곳의 성채는 순노랑이 아닌 약간 붉은 빛을 띤 돌들이다. 돌바닥의 틈서리에 난 붉나무도 붉은 단풍빛이다.

아래 기단은 물론 여장 바로 밑에까지도 거석의 장방형 돌로 암벽 위에 쌓았다. 저렇게 높은 곳까지 조선시대에 어떤 장비로 어떻게 쌓았을까. 우리 조상들은 전설 같은 힘을 가진 장사들이 많았던 것은 아닐까 생각해 본다. 여기를 지나면 기단에서부터 여장 아래까지 작은 막돌들로 축성했다. 여장 밑에 체성은 많은 부분 백빛 나는 화강석으로 보수했다. 하지만 인가에 가까이 있는 태조 때 옛 성채가 이만큼 남아있다는 게 얼마나 다행스런지 모른다.

바닥은 암반이 계속되는 구간이다. 이 구간은 삼각형의 돌들을 많이 사용해 쌓았다. 삼각과 삼각 사이를 역삼각으로 얹어 쌓은 곳이 많다. 방형과 장방형으로 이어져 납작한 돌을 눕혀 두 줄로 삼각부분과 맞춰가는 축성기술은 우리 조상들의 솜씨 덕이다.

소나무 한 그루 성벽의 기단에 뿌리를 박고 사는 곳 여기서 숙종 후반의 체성이 그대로 남아 있다. 《성곽답사와 국토기행》을 쓴 유근표가 태조 때 성을 지나 숙종 후반 성채를 보고 성 같은 성을 만났다고 토로했듯이 자연석으로 거칠게 쌓은 것보다 정방형의 가공된 성돌로 질서정연하게 쌓은 것이 진짜 성곽처럼 보일지도 모른다. 그러나 태조 때 성을 자세히 들여다보면 함부로 막 쌓은 담장

범바위를 지나 하산하는 성채

같은 것이 아닌 멋진 성채가 남아 있는 곳이 의외로 많다.

숙종 후반의 옛성이 소나무들의 호위를 받으며 여장 밑에까지 그대로 남아 있다. 여기서부터 여장은 벽돌로 쌓듯 돌을 잘라 쌓았기 때문에 멀리서 보면 벽돌벽처럼 보인다. 왜 이렇게 복원했는지 알 수 없다. 한양도성 어디에도 이처럼 쌓은 여장을 본 적이 없는데 어찌하여 이런 형태로 복원했을까.

태조 때 성벽 앞에는 싸리나무 밭이다. 이곳의 체성은 자연석이면서도 장방형에 가까운 돌들이 대부분이라 세종 때 성과 유사해 보인다. 많은 부분 성돌이 헐은 것을 빼내고 화강석으로 끼워 복원

범바위 초소가 있는 성채

했다. 소나무 두 그루가 바닥의 암벽 사이에 여장 한 칸 정도 떨어져 무슨 한이 남았는지 서로 등을 돌려 구부러진 채 서 있다. 마치 조선시대 당파싸움의 소용돌이에 휘둘린 모습이다. 여기서부터 옛 성은 허물어지고 화강석을 쪼개 다듬어 옛 유구를 섞어 다시 쌓았다.

탐방로가 나무계단을 타고 내려오는 체성은 여장까지 모두 다시 복원 붉은 빛 나는 돌을 수작업으로 빠개 다듬어 옛날 방식으로 군데군데 유구를 끼워넣어 쌓았다. 그렇게 여장 12칸의 성채를 새로 쌓았다.

성은 동북방으로 약간 구부러졌다가 다시 동남방으로 간다. 아까시나무가 우거진 곳 숙종 후반의 성이 여장 3칸 반 그리고 태조 때 성이다. 네 켜 정도 하단에 태조 때 옛성이 남아있다. 성 아래는 키 작은 아까시나무와 싸리나무가 빼곡하다. 여기서부터 태조 때 옛성은 하단에만 남아 있고 그 위로 회백빛 화강석으로 유구를 가끔 끼워 넣으며 복원했다. 여장은 모두 기계석으로 복원하면서도 체성은 수작업으로 빠갠 돌들을 사용해 쌓았다. 이인문의 〈송계한담도(松溪閑談圖)〉 소나무처럼 구부러진 사이에 커다란 사각형 성돌 하나 시꺼면 얼굴로 떡 버티고 앉아 성을 지키고 있다.

16. 끊어진 성벽 앞 은행나무

　　탐방길 밖에서 탐조등이 반사경을 뒤로 재끼고 성벽을 바라보고 있는 좌우에 소나무 두 그루가 등을 돌리고 돌아서서 누군가를 기다리고 보내는 것처럼 애절하게 서 있다. 탐조등 바로 앞에 거대한 정방형의 돌이 시커멓게 절은 얼굴로 옆에 세 켜의 작은 돌들을 자식처럼 품고 앉아 있는 태조 때 옛성이다. 수백 년 풍상이 내려앉아 검황빛으로 변했다. 그 위에 백빛 돌들로 다시 복원하며 가끔 태조 때 유구를 박아 넣었다.

　　성 안에는 거목으로 자란 아까시나무들 성밖에는 그 씨앗들이 떨어져 수없이 올라오는 잔가지 아까시들로 무성하다. 기단에서부터 체성을 백빛 돌들로 다시 쌓은 위에 회백빛 돌들이 여장을 꾸몄다. 옛 석질과 같은 돌을 찾아 옛 방식 대로 축성한 성채가 동남방으로 산모롱이를 돌아간다. 그 곡선이 연자방앗간의 추억처럼 힘들고 아프다. 산모롱이를 돌아가면 하단에 태조 때 옛성이 허물어지다 만 위에 정방형의 작은 기계석으로 복원했다. 허물어지다만 상처를 치유하듯이 태조 때 옛성이 여장을 산뜻하게 해 이고 아까시나무 숲 속을 걸어간다.

세종 때와 숙종 후반의 성채를 지나 황금빛으로 빛나는 태조 때 옛성이 체성에 그대로 남아 있다. 동방에서 동북방으로 머리를 돌렸다가 동남방으로 돌아간다. 서울 도심 속에서도 숙종 때 성채와 함께 남아 있다. 도시의 매연 때문인지 많이 그을렀다.

다시 태조 때 옛성이다. 성채 하단에 다섯 켜 정도 남아있고 그 위에 연회색과 누런색 돌로 복원했다. 주로 방형의 돌에 가끔 장방형의 성돌을 끼워 쌓았다. 언뜻 보면 세종 때 성처럼 보인다. 동남방에서 남방으로 휘어 돌아간다. 여기서부터 옛 성채는 거의 다 유실되고 기단에서부터 다시 쌓았다. 하얗게 빛나는 백석(白石)이 주를 이루고 어쩌다 노란 빛나는 유구를 발굴해 섞어 쌓았다.

오래된 아까시 숲 속을 동북방으로 휘어 돌아간다. 하단에 검누런 거석들이 바위산처럼 들어앉아 있는데 세월이 틈을 만든 돌 틈에 하얀 백석을 끼워놓기도 하고 부스러진 돌을 빼내고 하얀 돌을 다시 써 복원하기도 했다. 지금도 서울 근교 어디선가 백석의 돌이 출토되고 있다는 증거다. 그리고 다시 길게 동남서방으로 돌아가는

곳에 태조 때 옛 성체가 여장을 다시 해 이고 그대로 남아있다. 성
벽에는 아까시나무들이 무수히 뿌리를 박고 산다. 인왕산 자락길
앞이다. 잡목들이 우거진 숲 속 그 너머 무악동 일대가 소도시의 풍
경처럼 고즈넉하다. 성은 허물어지다만 태조 때 옛성에 기계석으로
칼날처럼 마무리하고 끊어진다.

　　자락길을 건너서 '한양도성을 아껴주세요'라는 표지판이 세워
진 곳에서 태조 때 옛성이 기단에서 여섯 켜 남아있고 위에 하얀 백
석으로 여장까지 복원했다. 여장 세 칸 반을 지나면 검누런 막돌들
로 쌓은 태조 때 옛성이 여장 밑에 보물처럼 남아 있다. 막돌인데도

숙종 때 성채. 상단에 싸리나무가 살고 있는 성채.

성벽을 이룬 체성의 면이 기계로 자른 것처럼 판판하고 매끄럽다. 그렇게 옛성은 동남방에서 동북방으로 약간 휘어졌다가 다시 동남방으로 서서히 휘어 돌아간다.

추사 김정희가 자식처럼 아꼈던 정수동이 이 근처 어디쯤 살았을 것이다. 수동은 특히 시(詩)를 좋아해서 듣고 본 것을 한꺼번에 모아 옛 시인들의 오묘한 경지를 섭렵하고 자기 마음에 드는 것들을 골라 마음속에서 녹이고 삭혀서 새로운 것으로 만들어내는 귀재였다. 천성처럼 술을 좋아해 기쁘고 슬플 때나 세상사는 일이 어려울 때마다 술에 취하고 시로 뿜어냈다. 그렇게 가슴으로 시를 쓰는 사람이었다.

추사는 수동을 자기 집에 데려다 놓고 책을 읽게 해 학문이 어느 수준에 도달하면 내보내려 했는데 그는 몇 달간 미친 듯 책을 들여다보다가 어느 날 집을 나가 돌아오지 않았다. 이런 수동을 안동 김씨 세도가 김흥근의 아들 김성일은 법도를 지키고 아무나 사귀지 않았는데 반가이 맞이하여 정성으로 대접했다. 하지만 수동은 추사의 집에 있을 때보다 더 제멋대로 했다.

정수동은 유교적 전통 사회의 규범과 법도에 얽매이기를 거부한 조선시대 아웃사이더 시인이었다. 만년에는 술에 더욱 빠져 밥은 먹지 않고 술로만 살았다. 수동의 아내 김씨는 성품이 곱고 아름다워 삯바느질로 집안 살림을 꾸려가면서도 남편 수동을 극진히 받

들었다. 수동이 사대부들과 어울려 시를 쓰고 이름을 알리는 것을
보람으로 생각하며 살았다. 수동은 말솜씨가 어눌했지만 손뼉을 치
며 농담을 하면 한두 마디 농담에도 모두 배꼽을 잡고 웃었다. 그의
농담 속에는 세상을 풍자하는 깊은 뜻이 담겨 있었다. 그러다 술에
취해서 땅에 벌렁 드러누워 깊은 잠에 빠져 말이 없었다.

　　태조 때 옛성에 이어 숙종 때 옛성이다. 숙종 때 쌓은 성이 그대
로 남아 여장 아홉 칸으로 이어진다. 그리고 성벽 중간쯤 남아 있는

태조 때 옛성이 여장 밑에 보물처럼 남아 있다.

태조 때 옛성으로 연결된다. 그 위 체성과 여장을 회백색 돌로 복원했다. 옛성의 돌과는 너무나 이질감이 들어 보기에 안타깝다. 그렇게 옛성은 담쟁이넝쿨을 키우며 무거운 기계석들을 이고 돌 틈이 벌어지며 튀어나올 듯 힘겹게 언덕을 올라간다. 언덕을 올라가다 시커멓게 그을은 몸뚱이를 부서질 듯 내려놓으며 숙종 때 성으로 이어진다. 아까시나무가 뿌리를 박고 성이 마치 제집인 것처럼 살고 있다.

숙종 때 옛성이 수직으로 끊어진 자리에 태조 때 옛성이 자연

인왕산 자락길을 향해가는 태조 때 성채

스럽게 맞닿아 있다. 태조 때 쌓은 성이 무너졌거나 토성으로 남아 있어 숙종 대에서 다시 쌓은 것으로 보인다. 태조 옛성은 많은 세월 속에서도 돌 틈에 잔돌 하나 끼운 것까지 그대로다. 성안에 거목들로 우거진 숲을 뒤로 하고 남쪽을 향해 활대처럼 휘어 돌아 올라간다. 여기서 지나온 성을 뒤돌아본다. 야트막한 언덕을 넘어 비석바위가 있는 인왕산으로 흘러가는 성채의 줄기가 옛 사람들이 흑질백질이라 불렀던 백사(白蛇)의 등허리 비늘처럼 보인다.

성채의 하단에는 검누른 거석들이 깔려 있고 성벽 위로는 장방형과 방형의 기계석으로 메지 짬도 없이 필요 이상으로 정밀하게 복원했다. "성의 어느 한쪽에는 반드시 무너진 벽과 허물어진 폐허가 있는 법 그리하여 성은 한쪽 발을 공간 속에 다른 한쪽 발을 시간 속에 딛고 있다."는 김화영의 글귀가 떠오른다. 옛성이 허물어지다만 채 그대로 보존하는 게 진정한 문화재의 보호이겠지만 굳이 복원을 해야 한다면 하단에 남아 있는 곳을 살려 반드시 수작업으로 복원해야만 할 것이다.

성이 서서히 동남방으로 머리를 돌리고 있는 곳 하단에 1미터도 넘는 장대석이 상하로 나란히 놓여 있는 윗돌에 '봉산토(鳳山土)'라는 각자가 새겨져 있다.《택리지》에 "황주에서 절령을 넘어 봉산. 서흥. 평산. 금천 네 고을을 지나 개성에 이르는데 이것이 남북으로 통하는 직로다"라고 기록한 황해도 봉산 사람들이 쌓았다는 각자성석이다. 끝에 흙토 자가 붙은 걸 보면 태조 때 처음 토성으로 쌓을 때 봉산 사람들이 쌓은 곳이라는 각자성석이 아닐까 생각된다. 각자성석이 있는 이 지역을 지나면 바로 암릉(바위언덕)이다. 암릉 위에 여장을 다시 쌓았다.

태조 때 옛성은 여기서 동방으로 꺾여 간다. 그리고 다시 동남방으로 꺾었다가 남쪽을 향해 간다. 검누른 자연석을 돌 생김새대로 맞추며 크고 작은 돌들을 적절하게 배치하여 축성한 옛성을 한참 바라보면 옛 사람들의 돌을 보는 안목과 짜 맞추는 솜씨가 예술 작품의 경지까지 이른 것에 감탄하지 않을 수 없다.

바닥에 너럭바위가 깔려있는 곳에서 태조 때 옛성이 여덟 켜의 높이로 일정하게 가는데 그 위 메지 틈에 들국화 몇 송이가 피어있다. 어떻게 들국화가 저 높은 성벽 위에다 뿌리를 박고 꽃을 피웠는지 신기하다. 너럭바위 위에서 남쪽으로 태조 때 옛성이 조금 나왔다가 휘어서 동남쪽을 향해 간다. 오랜 세월에 성은 파이고 헐어서 커다란 돌 틈에는 진흙으로 메꿔 바르기도 하고 휑하니 구멍이 나기도 했다. 그 위에 새빨갛게 물든 돌담쟁이가 무슨 행위 예술을 펼치듯 팔을 벌리고 성벽 위에서 여장을 타고 올라간다. 하단의 태조때 옛 돌들은 모두 시꺼멓게 세월의 멍이 들고 위에는 숙종 때 쌓은 성체가 여장 밑에까지 올라가 있는데 아까시나무가 여기까지 올라와 살고 있다. 그리고 성은 안으로 비스듬히 지형을 따라 돌아간다.

바닥에 너럭바위가 깔려있는 지대의 끄트머리에서 세종 때 태조 때 숙종 때 성으로 3대의 성채가 전시장처럼 펼쳐진다.

행촌동 암문이다. 1994년 복원하면서 암문을 만들어 놓았다. 여기서부터 태조 때 옛성은 하단에 두세 켜 또는 네 켜 정도 남아 있고 그 위로는 세종 때 방식으로 다시 쌓았다. 사직로1다길 앞이다. 기단돌 한두 개 박혀있는 성채는 세종 때 축성 방식으로 복원 남방으로 나왔다가 다시 동남방으로 돌아가며 마지막 산자락을 내려간다.

인왕산1가길 앞이다. 어디서 어떻게 와서 뿌리를 박았는지 돌담쟁이가 여장 위까지 떼거지로 절어있다. 성은 멀리 남산타워를 바라보며 언덕길을 내려간다. 세종 때 성의 잔해 위에 다시 복원한

홍난파 가옥

행촌동 은행나무 앞에서 끊어지는 성

성채는 시멘트벽돌을 절반 잘라 쌓은 것처럼 자잘한 황백색 돌들이다. 사직로 1가길 앞에서 길을 내주고 끊어진다. 길을 건너가면 성 안에는 월암공원이다. 세종 때 방식으로 복원한다는 것이 하단에 큰 돌을 쓰지 않고 하단에서 상단까지 높이가 똑같은 돌을 사용해 쌓았기 때문에 벽돌담장처럼 보인다. 탐방로 바로 옆에는 주택들이 들어차고 주민들이 성벽에 기대 화단을 만들고 비치파라솔까지 세워 놓았다.

성은 행촌동 1-114번지에서 허허로이 끊어진다. 그 앞에 은행나무가 상처를 어루만지듯 끊어진 성벽을 향해 가지를 모두 밑으로 내리고 수직(垂直)하는 사람처럼 서 있다. 이 은행나무 때문에 동네 이름도 행촌동이라 지은 행촌 암문을 지나 사직로 1가 월암공원이다. 성 안으로 주택가 길옆 주차장 뒷벽에 태조 때 옛성이 7단 남아 있다. 검홍색으로 빛나는 성돌로 쌓았다.

홍난파 옛집이다. 길 위의 언덕에 목조 2층으로 ㄱ자 형태의 집이다. 남쪽을 바라보고 있는 정면 벽에는 1, 2층 창문을 빼놓고 담쟁이넝쿨이 절었다. 지금은 평생학습협력기관으로 쓰고 있다. 지하 1층 지상1층의 붉은 벽돌 건물로 독일계통 선교사의 주택으로 지어졌다.

근처 송월동에 독일영사관이 있었기 때문에 일대에 독일인 주거지가 형성되었는데 주변의 건물은 다 헐리고 이 집만 남아 있다. 이 집은 〈고향의 봄〉을 작곡한 홍난파가 6년간 지내면서 말년을 보낸 곳이다.

서쪽 길에서 대문을 통해 마당 안으로 들어서면 계단을 따라 현관에 이르게 된다. 지붕은 다른 선교사 집보다 경사가 가파르고 거실에는 벽난로가 있다. 남쪽에 있는 현관과 이어지는 복도 서쪽 거실에 침실을 두었다. 가파른 경사지대를 활용 북서쪽에 지하실을 두어 "공간을 알뜰하게 활용하는 1930년대 서양인 주택의 특징을 잘 보여준다"고 집 앞에 안내판을 세웠다.

17. 달빛도 머무는 행촌 성곽마을

　달빛도 머무는 행촌성곽마을이다. 성은 행촌동 은행나무가 있는 서울시 복지재단 한국기상산업진흥원 앞에서 도시의 건물들로 끊어진다. 끊어지는 바로 옆에 "돈의문박물관마을"을 짓기 위해 트랙터와 사다리차가 터를 닦느라 차도는 통제되어 있다. 길 옆으로 간신히 빠져나간다. 언덕빼기를 내려와 동대문으로 가고 정동극장으로 가는 삼거리 길가에 옛 돈의문(서대문) 표지판을 10여 미터 넘게 투명 아크릴로 제작해 세워놓았다. 표지판 뒤쪽에는 성균관의대 강북삼성병원이 있다. 병원 구내식당에서 오후 2시 늦은 점심을 먹는다.

　성은 경향신문사 앞에서 정동길 1-50을 향해 간다. 지금 농협박물관 자리에 세종 때 함경도 땅을 점령한 야인들을 몰아내고 국

행촌성곽마을 표지판 뒤에 있는 체성

토를 찾은 김종서(金宗瑞) 대감의 집이 있었다. 단종 때 영의정에 있었던 김종서는 수양대군이 보낸 자객 이흥상의 칼에 맞아 세상을 떠났다. 피바다가 된 김대감의 집터는 충신을 기리는 민심으로 오랫동안 들끓었다. 이런 민심을 잠재우기 위해 세조는 이곳을 드나드는 사람들에게 말을 빌려주는 '고마청'을 만들었다.

며칠 후 안산 자락길을 산수회사람들과 종주하고 서석규 아동문학가 박종철 시인 김영재 시조시인과 함께 다시 갔다. 상록수 어린이집에서 남쪽으로 간다. 유신빌라 앞 전봇대에 좌측 남쪽으로 750m 돈의문터가 있다고 표지판이 붙어 있는 홍파동 2-34 광희주택 주차장 뒷벽에 태조 때 성채가 7단 남아 있다. 세원빌라 옆 벽에서 끊어진다. 역사유물 한양도성이 주택들의 주차장 벽으로 사용되

행촌동 월암공원 앞에서 건너편 자이아파트를 바라보고 끊어지는 성

는 슬픈 현실이다. 월암공원을 지나 공원 앞에 어니스트 베델 집터가 있다. 1904년 조선에 온 영국인 베델은 그해 7월 대한매일신보(大韓每日申報)를 창간하여 항일여론 활동을 힘껏 지원했다. 이곳은 그가 조선에 와서 정착해 사망할 때까지 가족과 함께 산 한옥 터이다라는 표지판이 서 있다. 성은 주택가를 지나 기상청 청사로 끊어지고 자이아파트를 바라보고 있는 성채가 60m정도 하단에 유구들로 복원하고 위에 여장까지 새로 복원했다. 그 서울삼성병원 서쪽 끝에 경교장이 있었다.

성은 기상청 자리를 지나 돈의문 박물관 마을 공사를 하는 앞도로를 지나 새문안로 돈의문터 앞에서 길을 건너 문경사 자리로 지나갔을 것으로 보인다. 정동길 서쪽 언덕에 있는 어반가든이다.

돈의문은 서대문이다. 옛 서대문이 있던 자리에 표지판을 세웠다.

성은 여기서 국토발전전시관(옛 중부국토건설청) 서쪽 끝의 이화여고 사이의 능선을 타고 창덕여교 정문 부근으로 지나갔을 것으로 추정된다. 그리고 배재공원 서쪽 끝에서 배재학당 역사박물관 뒤편 언덕을 거쳐 성은 배재학당 뒤로 지나갔을 것이다.

창덕여중 정문 옆에 관립법어학교터(官立法語學校址) 표지판이 있다. 법어학교는 1895년 조선정부가 프랑스공사관 입구에 있는 일마르텔 집에서 개교한 프랑스어교육기관이다. 이후 여러 차례 옮겨 다니다가 1908년 다른 외국어 학교들과 함께 관립한성외국어학교로 통합되었다고 한다. 성은 창덕여중 담장으로 이어지는 검회색 돌로 쌓은 숙종 때 기단석이 20여 미터 정도 남아 있다. 이화여고 정문 앞이다. 조선시대 성돌 같은 검황빛 석질의 돌로 학교 담장을 쌓았기 때문에 마치 이것이 한양도성의 일부가 아닌가 착각할 수 있다. 사개(건축에서 도리나 장여를 박기 위해 기둥머리를 네 갈래로 도려낸 부분)를 짜맞춰 지은 정자형태의 문이 있는데 대문 옆에 '대소인원개하마(大小人員皆下馬)'라 새겨진 옛 비석이 있다. 우리말

이화여고 정문 옆에 서 있는 하마비

로 풀이하면 말을 탄 모든 사람은 이곳에서 내리라는 표지석이다. 이화여고 학생들이 수업이 끝나고 이 문을 통해 나오고 있다. 이화여고 담장 안에는 오래 묵은 은행나무와 회화나무가 하늘을 덮고 있는 그 아래 유관순 열사가 학교를 다니면서 두레박으로 물을 떠 마시던 우물터가 그대로 보존되어 있다.

이화여고 돌담이 끝나는 지점에 보구여관터(普救旅館址)가 있다. "보구여관은 1887년 미국복감리회에서 설립한 우리나라 최초의 여성전용병원으로 여성의사와 간호사를 양성하였다. 1912년 흥인지문 옆의 볼드윈진료소와 합쳐 해리스기념병원이 되었다. 이화여자대학교 의료원의 전신이다"라고 표지판이 서 있다. 덕수궁 중명전(重明殿) 앞이다. "중명전과 예원학교 일대는 서양선교사들의 거주지

덕수궁 중명전

였다가 1897년 경운궁(덕수궁)을 확장할 때 궁궐에 포함되었다. 중명전은 황실도서관으로 1899년에 지었는데 처음에는 1층으로 된 서양식 건물이었으나 1901년 화재 후 2층건물로 다시 지었다. 중명전은 고종이 경운궁 화재 이후 1907년 강제 퇴위 될 때까지 머물렀던 곳으로 1905년 을사늑약을 체결한 비운의 장소다"라고 안내판에 기록되었다.

정동극장 앞이다. 공연장은 지하에 있는데 정오의 예술마당에는 부채를 펴든 조선시대 갓을 쓴 할아버지 동상이 서 있고 발치에 북이 놓여 있다. 일인극 창을 하는 예인의 동상이다.

서소문로61길 앞 정동제일교회다. 배재학당교장이었던 핸리 아펜젤러가 1885년에 설립한 한국 최초의 개신교 교회다. 서재필박사와 한국 최초의 여의사 박애스더 주시경 선생 등이 예배를 보던 교회다. 정동제일교회 앞에서 서쪽으로 중구 서소문동 39-1 신아일보사 앞으로 간다. 한양도성 성벽이 기단에서 4단으로 시작 끝에 가서는 1단만 남아 있는 위에 서울지방법원 중구등기소가 들어가 있다.

해질녘에 비치는 성채는 프랑스 철학자 레비 스트로스가 그의 저서《슬픈열대》에서 "이제 태양의 직사광선은 완전히 사라져버렸다. 하늘은 작은 새우 연어 아마포 밀짚 등의 분홍빛과 노란빛을 나타내주고 조용한 색채의 풍요마저 사라지려는 것 같이 느껴졌다.

중앙일보 주차장 담장 앞의 소덕문터

처음에는 강렬한 빨강 다음에는 어두운 빨강 그 다음에는 보랏빛 빨강 그리고는 석탄빛으로 되었다가 마지막에는 깔깔한 종이 위를 스쳐가는 목탄 막대기처럼 고르지 않은 흔적을 남겼다"라고 묘사한 성채의 풍경과 아주 비슷해 보였다.

배재공원 서쪽 끝에서 배재학당역사박물관 뒤편 언덕으로 성은 지나갔을 것이라고 서석규 선배는 지형적 특성을 들어 설명해 준다. 배재학당역사박물관 앞에 섰다. 525년 이곳을 지켜온 향나무가 나무 속은 다 썩고 표피만 남은 곳에 보충재를 채워넣고 지지대에 의지해 있다. 그럼에도 가지를 기기묘묘하게 뻗어올라가 청청한 이파리들을 달고 있다. 배재학당 동관 앞이다. 이 건물은 1916년 준공, 배재중 고등학교가 1984년 2월 강동구 고덕동으로 이전하기 전까지 동교사(東敎舍)로 사용했다. 동관 옆으로 돌아 롯데캐슬 건물 신문화의 요람지 앞으로 나간다. 한양도성 순성길 표지판이 서 있다. 어디로 어떻게 가야 성터를 만날지 몰라 우왕좌왕하고 있었는데 순성길 표지판을 만나니 까마득히 잊고 있던 옛 친구를 만난 것처럼 반갑다. 이곳 어디쯤에 금송아지대감 이용익(李容翊)이 살았다. 전주에서 한양까지 500리길을 부채 1천 자루를 짊어지고 12시간 만에 달려온 건강한 다리 때문에 민비의 눈에 들어 고종 때 온 나라의 재정을 마음대로 주물렀던 지금의 경제부총리에 해당하는 자리까지 올라간 인물이다.

동양빌딩 앞에 경남은행이 있는 육교 앞 도로를 건너면 철탑주차장이라고 부르는 중앙일보사 주차장이 있다. 적벽돌로 쌓은 담장 앞에 소덕문터(昭德門址) 표석이 담장에 기대어 있다. 한양의 서소문(西小門)으로 태조5년(1396년)에 세우고 예종 때 소의문(昭義門)으로 고쳤으며 1914년 일제에 의해 철거되었다는 바로 그 비운의 문이 있던 자리다. 수많은 차량들과 사람들이 끊임없이 지나가지만 어느 누구도 이 표지판을 눈여겨 보는 사람은 없는 것 같다.

코웨이 중앙일보와 jtbc방송 사옥을 지나 외국계 회사인 퍼시픽타워 도로변에 숙종 때 옛 성채가 기단에서 2단 3단으로 약 5m 정도 가다가 태조 때 옛 성채 5단에서 7단이 남아 있는 위에 숙종 때 성 위에는 4단을 다시 쌓았고 태조 때 성 위에는 2단내지 6단으로 복원했다. 그 끝에는 태조 때 옛성이 6단 남은 위에 2단을 다시 쌓았다. 그러나 고층빌딩들이 즐비한 도심 속에 옛성이 그대로 남아 있을 리 없고 유구들을 가져다 이곳에 다시 쌓은 것으로 추정된다. 퍼시픽타워 건물 끝에까지 30여미터 구간을 기단에서 7단으로 복원했는데 앞쪽의 옛돌과 석질이 너무나 다른 돌로 복원했기 때문에

퍼시픽타워 도로변에 남아있는 숙종 때 성채

함께 어우러지지 못한다. 뒤로는 기단 위에 한 단만 옛돌로 쓰고 그
위에는 6단으로 복원했다. 건너편에는 ING빌딩이 높이 솟아 있고
건물 전체의 벽이 파란 유리벽으로 되어 있어 건너편 건물이 반사
되어 또 하나의 그림자 고층건물이 유리벽 속에 들어가 있다.

성은 남산을 바라보며 대한상공회의소로 향해 가는 인도 옆 흙
밭에 이꼬들빼기꽃들을 키우며 노랗게 하늘하늘 손을 흔든다. 상
공회의소로 들어가는 좌측 벽을 기계석으로 대리석처럼 다듬은 돌
로 3m정도를 쌓고 안쪽 끝에 "이 성벽은 태조5년(1396년) 축성된 한
양도성의 일부구간으로 옛성벽의 흔적을 재현하고 연속성을 유지
하기 위하여 복원정비한 것이다"라고 오석(烏石)에 음각해 붙여놓았

다. 성의 기단에 유구들을 일렬로 박아넣고 기단 위에 한 두단 유구를 섞어 6단을 복원했다. 여장도 없이 나지막하게 쌓은 것은 빌딩들의 전면 시야를 생각해서 만들어진 방편인 것으로 보인다. 성 앞 인도에 조선소나무 한 그루 서 있는 곳에서 태조 때 축성 방식으로 검황빛 정 장방형의 돌들이 2단 또는 3단으로 간다. 그 위에 백홍빛 나는 돌로 4단 내지 5단으로 복원했다. 하단에 3단이 남아 있는 위에 복원한 부분은 유구의 크고 작은 높이 때문에 그것을 맞추기 위해 ㄱ자의 각석이 계단처럼 4단으로 올라가 시멘트 블럭처럼 쌓아오던 단조로움을 여기서부터 바꿔놓았다.

기단 위에 유구로 1단을 쌓고 그 위에 4단을 다시 복원한 성체가 기단에 파랗게 풀들을 키우며 간다. 기단 위에 남아 있는 돌은 숙종 후반의 정방형 돌 같은데 그 위에 복원한 돌들은 주로 장방형 돌들을 썼던 세종 때 방식으로 복원했다. 잘못된 복원은 차라리 하지 않는 게 더 낫다는 생각을 지울 수가 없다.

대한상공회의소 앞이다. 기단 위에 6단을 기계석의 성돌을 정 장방형으로 절단해 메지가 가늘은 연필선으로 그은 것처럼 아주 정밀하게 축조되어 성 같이 보이지 않고 경계선을 표시하는 어떤 시설물처럼 보인다. 상공회의소 정문을 지나 우측으로 흑갈색 돌로 8단을 복원했다. 가로메지선을 맞추지 않고 앞으로 나가며 앞의 체성과 절반도 안되는 간격으로 층층이 내려간다. 너무나 정밀하여 돌로 쌓은 것 같지 않은 어떤 조형물처럼 보이지만 숭례문을 바라보며 줄기차게 내려간다.

마침내 대한상공회의소 건물 끄트머리에서 우측으로 5단을 반원형으로 돌아 숭례문 남서쪽 귀퉁이를 바라보고 19.8km의 대장정의 발걸음을 멈춘다. 숭례문 남서쪽 귀퉁이 좌우에 조선소나무 두 그루가 푸른 가지들을 정갈하게 펼치고 모으며 숭례문을 지키고 오색의 깃발이 숭례문 우측에 나란히 서 있다. 숭례문 누각을 다시 짓고 나이 든 사람들이 수직(守直)을 하던 자리다. 숭례문의 홍예부분

하단에 태조 때 성이 남아있는 체성

만 황회색 유구들로 남아있고 남산을 향해가는 우현의 성채는 백황 빛나는 돌들로 다시 쌓았다.

숭례문 서쪽 광장에 원형의 분수대가 있다. 물 속에 롯데손해보험빌딩의 물그림자가 들어와 있고 그 옆 숭례문은 노대만 물 속에 들어와 잠겨 있다. 노대만 물 속에 잠겨 있는 숭례문, 역사의 긴 숨결이 하늘도 내려와 있는 저 깊은 심연으로 세세만년 흘러갈 것이다.

한양 도성을 가다

초판 1쇄 발행 2017년 10월 25일

지은이   천성우
펴낸이   윤형두
펴낸곳   종합출판 범우(주)

등록번호   제 406-2004-000012호(2004년 1월 6일)
            (10881) 경기도 파주시 광인사길 9-13 (문발동)
대표전화   031)955-6900, 팩스 031)955-6905

홈페이지   www.bumwoosa.co.kr
이메일   bumwoosa1966@naver.com

ISBN 978-89-6365-227-6 03900